知りたいことが
きっとわかる！

道徳教育 Q&A

河合 宣昌

日本文教出版

はじめに

　いよいよ,「特別の教科　道徳」がスタートしました。義務教育なのに,なかなか道徳の時間が実践されなかった不公平感やいじめへの対応で道徳科となりました。

　私は,道徳科のスタートにあたって,これまでの道徳の特質を大切にした上で,「考え,議論する道徳」等の新たなキーワードに関わる実践を積み上げてほしいと願って,１ページ読み切りのＱ＆Ａを作成しました。道徳の研修会をしなくても,職員会や職員打ち合わせで,課題となっていたり興味・関心があったりするＱ＆Ａを読み合い,その取り組みを継続していくことを期待しています。その取り組みこそが道徳科の充実につながっていくのではないかと信じています。

　このＱ＆Ａの具体的な実践については,私が岐阜県教育委員会のチーフをしていた頃から書き綴っていたものです。岐阜県では,昭和56年度から道徳計画訪問が行われ,３年に１回は,どの教師も指導案を書いて道徳の授業を指導主事に公開することになっています。指導主事は,研究会で指導にあたるとき質問を受けます。私は道徳について,長年,研究を深めていましたので,指導主事がその質問についての回答をよく求めてきました。その質問と回答がこのＱ＆Ａのほとんどです。つまり,現場で困っている内容がＱになっています。

　ぜひ,目次から,今,悩んでいる内容を見つけていただき,答えを読んでみてください。少しでもその悩みの解消に役立てばと思っています。

　道徳科のスタートにあたって,心の教育のいっそうの充実のために,このＱ＆Ａが活用されることを願っています。

2018年7月
河合　宣昌

 1 道徳教育と道徳科の目標

Q1	新しい時代に**育成すべき資質や能力と道徳性との関係**はどのように捉えたらよいのでしょうか。	… 12
Q2	**道徳教育の目標**をキーワードをもとに解説してください。	… 13
Q3	道徳科の目標の中の「**道徳性**」は，どのように考えればよいのでしょうか。	… 14
Q4	道徳科の目標の中の「**道徳的諸価値について理解する**」を，どのように考えたらよいのでしょうか。	… 15
Q5	道徳科の目標の中の「**自己を見つめ**」とは，どのように考えたらよいのでしょうか。	… 16
Q6	道徳科の目標の中の「**物事を多面的・多角的に考え**」を，どのように考えたらよいのでしょうか。	… 17
Q7	「**考え，議論する道徳**」という用語は，どのように捉えたらよいのでしょうか。	… 18
Q8	「**道徳科の特質**」とよくいわれるのですが，具体的にどんなことでしょうか。	… 19
Q9	道徳科の特質の1つである「内面的資質の育成」の中の「**様々な場面や状況**」という文言について，どのように考えたらよいのでしょうか。	… 20
Q10	今回（平成29年）の改訂で，「**将来出会う**」から「**日常生活や今後出会うであろう**」と表現が変わったのは，どんな意図があるのでしょうか。	… 21

 2 道徳科のねらいと学習指導過程

Q11	学習指導案を作成するときに，**授業のねらい**は，どのように書いたらよいのでしょうか。	… 22
Q12	道徳科の特質を生かした**基本的な学習指導過程**とは，どのように考えたらよいのでしょうか。	… 23
Q13	基本的な学習指導過程を大切にしながら，**発達の段階を踏まえた指導過程を工夫する**には，どのようにすればよいのでしょうか。	… 24
Q14	発問には，**中心発問，基本発問**等いろいろありますが，どのように取り扱えばよいのでしょうか。	… 25
Q15	学習指導案の学習指導過程で，「**基本発問**」と「**児童の反応**」「**留意点**」等を書きますが，どんなことに留意したらよいのでしょうか。	… 26
Q16	基本発問の「**児童の反応**」を予想するのですが，具体的に，どのように指導・援助していけばよいのでしょうか。	… 27
Q17	「**読み物道徳**」にならないようにといわれますが，**学習指導案のよくない記述例**とは，どんな内容でしょうか。	… 28
Q18	「**読み物道徳**」ではないかといわれますが，どのようにして**自分との関わり**をもたせたらよいのでしょうか。	… 29
Q19	「**手品師**」（高学年）＜Ａ　正直，誠実＞では，どのような**発問構成**にしたらよいのでしょうか。	… 30
Q20	学習指導過程の，**導入，展開（前段，後段），終末**の各段階を，ねらいに**ふさわしい名称**にするとしたら，どのようにつけたらよいでしょうか。	… 31

3　教材の分析と活用

- **Q21**　感動的な教材で，**共感的な扱いをした授業展開**は，どのようにしたらよいのでしょうか。　… 32
- **Q22**　感動的な教材で，**感動的な扱いをした授業展開**は，どのようにしたらよいのでしょうか。　… 33
- **Q23**　**価値のよさやすばらしさが描かれていない教材**は，どのように活用したらよいのでしょうか。　… 34
- **Q24**　**共感しやすい**のは，どのような教材でしょうか。　… 35
- **Q25**　**文部科学省の教材と教科書の教材**で同じものがありますが，表現が少し異なっているところがあります。どちらを使うとよいのでしょうか。　… 36
- **Q26**　**行為がマイナスに終わってしまう教材**で，児童が実践への意欲をもつためには，どのような工夫をしたらよいのでしょうか。　… 37
- **Q27**　教材の分析を効率的にするには，どのようにしたらよいのでしょうか。　… 38
- **Q28**　教材を分析して**基本発問の場面を決める**には，どのような手順で行ったらよいのでしょうか。　… 39

4　価値への方向づけの導入

- **Q29**　**時間をかけないで，導入したい**のですが，生活導入か，教材導入か，どちらがよいのでしょうか。　… 40
- **Q30**　**価値への方向づけとしての導入では，どんな工夫**が考えられるのでしょうか。　… 41
- **Q31**　導入には，時間をかけないことが大切ですが，**導入で扱う内容が多い**ときにはどうしたらよいのでしょうか。　… 42
- **Q32**　導入で，「今日は，親切について考えます。」と本時でねらう**価値を示す**ことについて，どう考えたらよいのでしょうか。　… 43
- **Q33**　導入の工夫をするにあたって，**低学年らしい具体的な実践**を教えてください。　… 44

5　教材の提示

- **Q34**　**教材を読む**ときに，どんなことに留意したらよいのでしょうか。　… 45
- **Q35**　低学年の教材で使用する**ペープサート**を作成するときの留意点を教えてください。　… 46
- **Q36**　**ペープサートによる教材の提示**は，どんなことを工夫したらよいのでしょうか。　… 47
- **Q37**　低学年の**教材提示で，暗記**しなくてはと思っていますがとても覚えられません。どうしたらよいのでしょうか。　… 48
- **Q38**　**小学2年生と3年生**では，教材提示がかなり異なりますが，児童が無理なく学習できるようにするにはどうすればよいのでしょうか。　… 49
- **Q39**　教材を提示するとき，**教材を途中で切って授業を進める**のは，どのように考えたらよいのでしょうか。　… 50
- **Q40**　高学年や中学校の，**提示に時間がかかる長文の教材**は，どのように提示すればよいのでしょうか。　… 51

 教材に正対したときの考え方や感じ方の生かし方

Q41	**教材に正対したときの考え方や感じ方**を引き出し，展開していく授業には，どんなねらいがあるのでしょうか。	… 52
Q42	感想を引き出して授業を展開するには，**教材を読む前にどんなことに留意**したらよいのでしょうか。	… 53
Q43	教材の**感想を聞いて授業を展開**するとき，**時間がかかってしまいます**。よい方法を教えてください。	… 54
Q44	教材で**児童が感想を話**すとき，どのように話すと**あとの授業展開につなぎやすくなる**のでしょうか。	… 55
Q45	感想は，**1年生**でも尋ねるのですか。発達の段階を踏まえるとどんな方法があるのでしょうか。	… 56
Q46	感想を生かした道徳科の授業で，**基本発問とずれた感想**が出てきたとき，どのように扱ったらよいのでしょうか。	… 57
Q47	教材で感想をもたせるとき，**教材に線を引く**のは効果的なのでしょうか。	… 58
Q48	教材を範読したあと，**あらすじをまとめ**，基本発問をする授業はよいのでしょうか。	… 59

 人間理解，他者理解と自分との関わり

Q49	人間理解に関わる基本発問をしたとき，**児童の反応をどのように板書**して整理したらよいのでしょうか。	… 60
Q50	基本発問をして，人間理解の反応や**多様な考え方や感じ方の反応が出てこない**ときは，どんな工夫をすればよいのでしょうか。	… 61
Q51	道徳的な考え方や感じ方を深め，広げるために，どんな**具体的な補助発問**があるのでしょうか。	… 62
Q52	人間理解の基本発問で，**どのように多様な考え方や感じ方を引き出すのか**，実践例を挙げて教えてください。	… 63
Q53	登場人物に**なりきって話す児童**は，どのようにして育てたらよいのでしょうか。	… 64
Q54	人間理解の基本発問の場面で，「**主人公は，こんな気持ちがあったんですね。**」という教師の働きかけは，どのように考えたらよいのでしょうか。	… 65
Q55	人間理解に関わる児童の発言をまとめるとき，**読み取りのようなまとめ方**になってしまうのですが，どのようにしてまとめたらよいのでしょうか。	… 66
Q56	基本発問で「主人公はこのときどんな気持ちだったでしょう。」と**気持ちばかり聞いている**のは，望ましくないのでしょうか。	… 67
Q57	人間理解をするときに，**仲間とともに追求していく**ためには，どのように指導したらよいのでしょうか。	… 68
Q58	人間理解の基本発問で**ペア交流（役割演技）**をするときの手順はどのようにしたらよいのでしょうか。	… 69
Q59	**児童の意識の連続を図る**ために，基本発問と基本発問のつなぎが切れてしまわないようにするためには，どのようなことに留意したらよいのでしょうか。	… 70
Q60	教材の主人公の気持ちを追求しているとき，「**自分ならどんな気持ちですか。**」と問いかける授業を見ますが，どう考えたらよいのでしょうか。	… 71
Q61	「**どうして**」という発問はよくないと聞いたことがありますが，どのように考えたらよいのでしょうか。	… 72
Q62	**小規模の学校**では，多様な考え方や感じ方に気づかせるために，どのようにしたらよいのでしょうか。	… 73

8 板書の構成

- **Q63** 板書は大切といわれますが，**どんなことに留意して板書構成**をしたらよいのでしょうか。 … 74
- **Q64** Q63の板書するときのポイントをもとに，**具体的な板書例**を教えてください。 … 75
- **Q65** 本時のねらいについて**黄色のチョーク**等でまとめているのは，どんな意図があるのでしょうか。 … 76
- **Q66** 板書を構成するとき，**場面絵を効果的に扱う**には，どのようにしたらよいのでしょうか。 … 77
- **Q67** 板書するのときの**短冊や色チョーク**の使い方について教えてください。 … 78
- **Q68** 児童の発言を聞いて板書をしますが，**板書をするときのタイミング**は，いつがよいのでしょうか。 … 79
- **Q69** 児童の発言をすべて聞いて，**要点だけを整理して板書**するためには，どんな手立てがあるのでしょうか。 … 80

9 価値理解と他者理解

- **Q70** 道徳科の特質の1つである**価値理解**を，どのように捉えたらよいのでしょうか。 … 81
- **Q71** 価値理解をするために，**他者理解**をどのように生かしたらよいのでしょうか。 … 82
- **Q72** **価値理解を深める具体的な補助発問**について教えてください。 … 83
- **Q73** 道徳的な考え方や感じ方を深め，ねらいとする価値を理解するための，**具体的な補助発問**を教えてください。 … 84
- **Q74** 教材で価値を追求するとき，**主人公の考えや気持ちだけを追求**することについて，どう考えたらよいのでしょうか。 … 85

10 自己を見つめる

- **Q75** 道徳科のねらいにある「**自己を見つめる**」とは，どのように捉えたらよいのでしょうか。 … 86
- **Q76** 「自己を見つめる」ときにめざす児童生徒の姿は，**発達の段階を踏まえる**と，どのように考えたらよいのでしょうか。 … 87
- **Q77** **低学年**が自己を見つめる（自分にどんなことがあったかを見つめる）ときには，どんな指導・援助をしたらよいのでしょうか。 … 88
- **Q78** **中学年**が自己を見つめる（どんな考えや気持ちからそうしたかを見つめる）ときには，どんな指導・援助をしたらよいのでしょうか。 … 89
- **Q79** **高学年・中学生**が自己を見つめる（今の考えや気持ち，いつもの考えや気持ち，自分の課題を見つめる）ときには，どんな指導・援助をしたらよいのでしょうか。 … 90
- **Q80** 自己を見つめるために，教材から離れるとき**うまく児童が自己を見つめられない**ことがよくあります。どのような指導・援助をしたらよいのでしょうか。 … 91
- **Q81** 児童が自己を見つめるとき，**教材とつなぐために**，どのようにしたらよいのでしょうか。 … 92
- **Q82** 自己を見つめるとき，ねらいに関わって「**できたこと**」を見つめるのか，「**できなかったこと**」を見つめるのか，どちらがよいのでしょうか。 … 93
- **Q83** 児童が自己を見つめるとき，**より深く自己を見つめる**ためには，どんな指導・援助をすればよいのでしょうか。 … 94
- **Q84** 導入と展開後段で，同じようなふり返りをしている授業がありますが，**導入と展開後段をつないでいける指導の工夫**はないのでしょうか。 … 95
- **Q85** 自己を見つめるとき，**主人公に手紙を書く**という方法について，どう考えたらよいのでしょうか。 … 96
- **Q86** **書く活動**で自己を見つめるとき，どんなことに留意したらよいのでしょうか。 … 97

Q87	児童が自己を見つめるとき，**自分の日記**を取り出し，その内容を見て道徳ノートに書いていました。これは，自己を見つめたことになるのでしょうか。	… 98
Q88	自己を**意欲的に見つめる**ために，どんな指導方法の工夫があるのでしょうか。	… 99
Q89	児童が自己を見つめるとき，**今までに学習してきた道徳科の授業**のことも見つめている姿を見たことがあります。どのように指導・援助しているのでしょうか。	… 100
Q90	価値理解と展開後段をつなぐための，「**主人公のようなことは，みなさんにはありませんか。**」という発問は有効なのでしょうか。	… 101
Q91	**低学年**の自己を見つめる手立ての**具体的な実践**を紹介してください。	… 102
Q92	展開後段で，**自己を見つめ合う**指導をすることは，どのように考えたらよいのでしょうか。	… 103
Q93	**展開後段の時間が少なくなったり**，時間が取れなくなったりしないように，どんなことに留意しなければいけないのでしょうか。	… 104
Q94	自己を見つめるとき，**児童が体験したことがほとんどない**＜D　感動，畏敬の念＞やく D　生命の尊さ＞については，どのようにしたらよいのでしょうか。	… 105

11　実践意欲を高める終末

| Q95 | **終末**は，どのように**工夫**したらよいのでしょうか。 | … 106 |
| Q96 | 終末に，**地域の方に協力していただいて**，児童の実践への意欲を高めていきたいのですが，どんなことに留意したらよいのでしょうか。 | … 107 |

12　地域の方との連携

Q97	地域の方を題材にした教材の授業に，**地域の方の話**をどのように活用すると効果的なのでしょうか。	… 108
Q98	地域の方に協力していただいて，道徳科の授業の**ねらいに迫る実践**がいくつか行われています。どんな指導の工夫があるのでしょうか。	… 109
Q99	地域の方に協力していただいて，**ねらいに迫っていく**ためには，どんなことに留意したらよいのでしょうか。	… 110
Q100	地域の方に協力していただくとき，**展開前段までの段階**で，どんな関わり方があるのでしょうか。	… 111
Q101	地域の方を**中心教材**にして**価値理解**をしていくとき，どんなことに留意したらよいのでしょうか。	… 112
Q102	地域の方の話を展開後段や終末に，どのように取り入れたらよいのでしょうか。	… 113
Q103	道徳科の授業は，**1時間でねらいに迫っていきますが，地域の方に話していただくとき，どれくらい弾力的に**考えたらよいのでしょうか。	… 114

13　個に応じた指導

Q104	道徳科の授業で児童が主体的に学習するためには，どのように**机列の工夫**をしていけばよいのでしょうか。	… 115
Q105	道徳科の授業における個に応じた指導を充実させるために，**机列表をどのように活用**したらよいのでしょうか。	… 116
Q106	道徳科の授業で，**進んで挙手している児童ばかり**をあてるのですが，それでよいのでしょうか。	… 117
Q107	基本発問に対して，**児童がよく挙手するときと，挙手の少ないとき**があります。どこに違いがあるのでしょうか。	… 118

Q108	基本的な学習指導過程を大切にして道徳科の授業を行っていますが，**児童の語りが十分ではありません**。どのようにしたらよいのでしょうか。	…119
Q109	道徳科の授業で，**数人指名**や**まわし発言**は効果的なのでしょうか。	…120
Q110	道徳科の授業における**T・Tの効果的な指導**として，どんな指導方法が考えられるのでしょうか。	…121

14 対話的な指導方法（ペア学習，グループ学習，トライアングル交流）

Q111	深い学びにつながる**3つの指導方法**について，どのように考えたらよいのでしょうか。	…122
Q112	今回（平成29年）の改訂で，**対話的**というキーワードが出てきました。どんなことに留意したらよいのでしょうか。	…123
Q113	価値理解に向かうときの**ペア学習**や**グループ学習**で留意することを教えてください。	…124
Q114	価値理解に向かうペア学習で，**「議論する」を意識した指導**の工夫について教えてください。	…125
Q115	価値理解に向かうとき，**ペア学習やグループ学習のほかに**どんな指導方法があるのでしょうか。	…126
Q116	**トライアングル交流**で，3人を指名しますが，どんな**児童理解から意図的に指名**したらよいのでしょうか。	…127
Q117	トライアングル交流を**聞いているほかの児童**への具体的な指導・援助は，どのようにしたらよいのでしょうか。	…128
Q118	トライアングル交流を道徳科にすぐに導入しても**なかなかうまくいきません**。どうすればよいのでしょうか。	…129

15 ねらいを明確にした書く活動

Q119	道徳科で書く活動を取り入れたいのですが，**何年生から始めればよいのでしょうか**。	…130
Q120	道徳科で書く活動を取り入れたいのですが，**学習指導過程のどの段階で取り入れればよいのでしょうか**。	…131
Q121	道徳科で自己を見つめるときに，**道徳ノートを活用**したいのですが，どんなことに留意したらよいのでしょうか。	…132
Q122	道徳ノートには，**どんな朱筆**を入れたらよいのでしょうか。	…133

16 ねらいを明確にした体験的な学習

Q123	今回（平成29年）の改訂で，**体験的な学習**が多様な指導方法の1つの例として挙げられました。どのように考えたらよいのでしょうか。	…134
Q124	**動作化**をするときに，どんなことに留意したらよいのでしょうか。	…135
Q125	役割演技で**望ましくない問いかけ**には，どんなものがあるのでしょうか。	…136
Q126	役割演技を**見ている児童に，ねらいに迫るための問いかけ**をするとき，どのようにしたらよいのでしょうか。	…137
Q127	役割演技をしたあと，「**このあと，どうなったか**やってみましょう。」という問いかけは有効なのでしょうか。	…138
Q128	役割演技をするとき，**お面**をかぶって演技をしているのをときどき見かけますが，お面はいるのでしょうか。	…139
Q129	役割演技で，**教師と児童，児童と児童**がするときは，それぞれどんな意図をもってすればよいのでしょうか。	…140
Q130	**高学年での役割演技**は抵抗がありますが，どのようなことに留意したらよいのでしょうか。	…141

17 問題解決的な学習の展開

- **Q131** 道徳科における**問題解決的な学習**の「**問題**」とは，どんな問題でしょうか。 …142
- **Q132** 問題解決的な学習を，どのように**具体的に展開**していけばよいのでしょうか。 …143
- **Q133** **生活から問題を見つける**問題解決的な学習は，どのように展開していったらよいのでしょうか。 …144

18 評価のねらいと具体的な記述

- **Q134** 道徳科になり，**評価**が導入されます。**基本的な考え方**について教えてください。 …145
- **Q135** 道徳科の評価は，**道徳科の授業の児童生徒の成長の様子**を記述しますが，どんな内容を記述すればよいのでしょうか。 …146
- **Q136** 道徳科の**評価**の記述にあたって，留意することにどんなことがあるのでしょうか。 …147
- **Q137** **道徳性の成長の評価**について，どのように記述したらよいのかも，具体的に教えてください。 …148
- **Q138** 指導要録と保護者に渡す「子どもの姿」(通知表)への評価の記入をどのようにすればよいのでしょうか。 …149
- **Q139** 道徳科の授業の自己評価は，どのようにすればよいのでしょうか。 …150
- **Q140** 道徳科の授業の中で，どのように**一人ひとりの児童生徒を見届け**ていけばよいのでしょうか。 …151
- **Q141** 学習指導過程の**導入**や**展開前段**では，具体的にはどんな**評価項目**が考えられますか。 …152
- **Q142** 学習指導過程の**展開後段**や**終末**，**学業指導**では，具体的にはどんな**評価項目**が考えられますか。 …153

19 年間指導計画・全体計画の別葉の作成

- **Q143** 道徳科の教科書の導入によって，**年間指導計画**はどうなるのでしょうか。 …154
- **Q144** 教科書を使用しての道徳科では，これまでの**全体計画の別葉**をどのように改善したらよいのでしょうか。 …155
- **Q145** 教科書を使用しての道徳科では，これまでの**年間指導計画をどのように改善**したらよいのでしょうか。 …156
- **Q146** 低学年の＜Ａ　節度，節制＞には，指導すべき内容がいくつもありますが，**主題の配列**の留意点は何でしょうか。 …157

20 教師の力量を高めるための研修の工夫

- **Q147** 日々の**道徳科の授業を充実**させるために，これだけは必ずやっておきたいということはどんなことでしょうか。 …158
- **Q148** 道徳科になったとき，**道徳教育推進教師の役割**について教えてください。 …159
- **Q149** 教職員の道徳科への**意識を継続**していくための研修をどのように工夫したらよいのでしょうか。 …160
- **Q150** 道徳科について，**具体的にどのように指導したらよいのか**を理解するための**研修の工夫**を教えてください。 …161
- **Q151** 学年会でどのような道徳科研修をしたらよいのでしょうか。 …162
- **Q152** 児童の考え方や感じ方を深めるための教師の力量を，どのように高めたらよいのでしょうか。 …163
- **Q153** ほかの学年の**児童が教職員といっしょに授業を参観**し，メモをしていました。どのような効果があるのでしょうか。 …164

- Q154 教材のペープサートや場面絵を作成して，授業をしたあとの**保管の仕方**を教えてください。 … 165
- Q155 **ネームプレートを活用**している授業を見ますが，どんな意義があるのですか。 … 166
- Q156 **他者理解**が大切にされていますが，日頃からどんなところで，**どんな指導を継続**したらよいのでしょうか。 … 167
- Q157 道徳科の学習活動に生かすため，日頃からどのように**「話す・聞く」力を高めて**いったらよいのでしょうか。 … 168
- Q158 道徳科も，**学び方が大切**と聞いています。どうしたらよいのでしょうか。 … 169
- Q159 児童が挙手をしていると，つい，あててしまい，授業のねらいに迫れなくなることがあります。どうしたらよいのでしょうか。 … 170

21 道徳コーナー

- Q160 学級の**背面掲示の「道徳コーナー」**は，児童の道徳性を高めるために，どのようにつくったらよいのでしょうか。 … 171
- Q161 道徳コーナーの在り方や**低学年らしい道徳コーナー**の在り方について，どのように考えたらよいのでしょうか。 … 172
- Q162 **「よいことみつけ」**コーナーは，どのようにつくったらよいのでしょうか。 … 173
- Q163 道徳ノートのコピーを一人ひとり**掲示**することについて，どう考えたらよいのでしょうか。 … 174

22 道徳性を高めるための道徳科と他の教育活動との関連

- Q164 道徳性を高めるために，**全教育活動**でどのように取り組んだらよいのでしょうか。 … 175
- Q165 道徳科以外の教育活動で高めた道徳性を道徳科にどのように**深化，統合**したらよいのでしょうか。 … 176
- Q166 **日常生活で捉えた実態（意識＝考え方や感じ方）をどのように授業に生かし**たらよいのでしょうか。 … 177
- Q167 児童が**重点内容項目の意識を継続して道徳性を高め**ていくためには，どんな工夫をしたらよいのでしょうか。 … 178
- Q168 **体験活動で道徳性を高める**ことが大切にされていますが，その際，どんなことに留意したらよいのでしょうか。 … 179
- Q169 学校で，**直接指導しにくい＜C　家族愛，家庭生活の充実＞**を，道徳教育の中で，どのように効果的に指導したらよいのでしょうか。 … 180
- Q170 **小学校と中学校が連携**して，道徳教育を進めていくために，どんな指導が考えられるのでしょうか。 … 181

Q1 新しい時代に育成すべき資質や能力と道徳性との関係はどのように捉えたらよいのでしょうか。

　グローバル化が進展し，科学技術の発展や社会・経済が変化していく新しい時代において育成すべき資質や能力に，3つの柱があります。

　1つ目は，生きて働く「知識・技能」の習得。つまり，何を理解しているか，何ができるかということです。

　2つ目は，未知の状況にも対応できる「思考力・判断力・表現力等」の育成。つまり，理解していること，できることをどう使うかということです。

　3つ目は，学びを人生や社会に生かそうとする「学びに向かう力・人間性等」の涵養。つまり，どのように社会・世界と関わり，よりよい人生を送るかということです。

　この3つは，「確かな学力」「健やかな体」「豊かな心」を総合的に捉えて構造化した柱です。この3つの柱は，すべての教科等で育成していきますが，道徳性とどのように関わっているのか考えてみましょう。

　1つ目の「知識・技能」は，道徳的諸価値の意義およびその大切さなどについて理解することです。つまり，価値理解，人間理解，他者理解に関わる意義や大切さになります。

　2つ目の「思考力・判断力・表現力等」は，自己を見つめ，物事を多面的・多角的に考え，自己の生き方についての考えを深めることです。つまり，道徳的価値に関わる事象を自分自身の問題として受け止めること，他者との関わりや身近な集団の中で，他者の多様な考え方や感じ方に触れることで，自分の特徴などを知り，伸ばしたい自己を深く見つめること，生き方の課題を考え，それを自己の生き方として表現しようとする思いや願いを深めることになります。以上の2つは，道徳性を養うための学習を支える要素です。

　3つ目の「学びに向かう力，人間性等」は，人間としてよりよく生きる基盤となる道徳性であり，つまり，自己の生き方を考え，主体的な判断の下に行動し，自立した人間として他者と共によりよく生きるための基盤となる道徳性になります。これが，道徳教育，道徳科で育てる資質能力です。

道徳教育の目標をキーワードをもとに解説してください。

　道徳教育の目標（小学校学習指導要領　第1章　総則　第1の2の(2)）は、「道徳教育は、教育基本法及び学校教育法に定められた教育の根本精神に基づき、自己の生き方を考え、主体的な判断の下に行動し、自立した人間として他者と共によりよく生きるための基盤となる道徳性を養うこと」です。

　では、この目標の中のキーワードをもとに具体的に解説していきましょう。

　1つ目は、「教育基本法及び学校教育法に定められた教育の根本精神」です。教育基本法においては、教育の目的（第1条）、教育の目標（第2条）、義務教育の目的（第5条2項）が考えられます。学校教育法においては、義務教育の目標（第21条第1項、第2項、第3項）などが示されています。学校で行う道徳教育は、これらの教育の根本精神に基づいて行われています。

　2つ目は、「自己の生き方を考え」です。中学校では、ここは、「人間としての生き方を考え」になっています。自己の生き方を考えるとは、児童一人ひとりがよりよくなろうとする自己を肯定的に受け止めるとともに、他者との関わりや身近な集団の中での自分の特徴などを知り、伸ばしたい自己を深く見つめることです。この見つめは、社会の中でいかに生きていけばよいのか、国家及び社会の形成者としてどうあればよいのかを考えることにもつながっています。

　3つ目は、「主体的な判断の下に行動する」です。児童が自立的な生き方や社会の形成者としての在り方について自ら考えたことに基づいて、人間としてよりよく生きるための行為を自分の意志や判断に基づいて選択し行うことです。また、児童が日常生活での問題や自己の生き方に関する課題に正面から向き合い、自らの力で考え、よりよいと判断したり適切だと考えたりした行為の実現に向けて具体的な行動を起こすことです。

　4つ目は、「自立した人間として他者と共によりよく生きる」です。人は誰もがよりよい自分を求めて自己の確立を目指すとともに、一人ひとりが他者とともに心を通じ合わせて生きようとしています。したがって、他者との関係を主体的かつ適切にもつことができるようにすることが求められているのです。

　5つ目は、「そのための基盤となる道徳性を養う」です。道徳性とは、学校教育においては、特に道徳的判断力、道徳的心情、道徳的実践意欲、道徳的態度です。これは、人格の基盤をなすものであり、人間としての本来的な在り方やよりよい生き方をめざして行われる道徳的行為を可能にする人格的特性なのです。

Q3 道徳科の目標の中の「道徳性」は、どのように考えればよいのでしょうか。

　道徳科の目標（小学校学習指導要領　第3章　特別の教科　道徳　第1）は、「第1章総則の第1の2の(2)に示す道徳教育の目標に基づき、よりよく生きるための基盤となる道徳性を養うため、道徳的諸価値についての理解を基に、自己を見つめ、物事を多面的・多角的に考え、自己の生き方についての考えを深める学習を通して、道徳的な判断力、心情、実践意欲と態度を育てる。」です。

　それでは、ここで書かれている「道徳性」について考えてみましょう。

　今回（平成29年）の改訂で、道徳的実践力と道徳的実践という用語がなくなりました。道徳的実践力の育成は、心（内面的資質）の育成になります。

　実践力という用語がよく出てきます。例えば、学校の研究主題の中に「○○を育てる実践力の育成」や人権教育の中での実践力の育成などと使われています。そこで、行為を育成するという捉え方にならないように、「道徳性」という用語になったのではないかと考えます。

　それでは、道徳科では、心と行為の両方を育てるということなのでしょうか。

　道徳科の目標を見ると、最後の方に、「道徳的な判断力、心情、実践意欲と態度を育てる」と記述されています。この内容は、従来の道徳的実践力の内容、つまり心（内面的資質）の育成にあたります。

　すなわち、道徳科でいう「道徳性を養う」というのは、心（内面的資質）の育成の部分であり、行為の育成ではないということになります。

　一方で、学校の教育活動全体を通じて行う道徳教育は、行為と心の両方の育成になります。

　今回の改訂で、道徳的実践力という用語が「道徳性」という用語になりましたが、これまでのように、道徳科は、心（内面的資質）の育成をしていく時間であると捉える必要があります。したがって、道徳科で「道徳性」を養うといっても、あくまでも心（内面的資質）の育成であり、行為の育成に関わる発問をすることは、道徳科の特質に合っていないということになります。

道徳科の目標の中の「道徳的諸価値について理解する」を，どのように考えたらよいのでしょうか。

　道徳的価値とは，よりよく生きるために必要とされるものであり，人間としての在り方や生き方の礎となるものです。そのために，学校教育では，児童一人ひとりが道徳的価値観を形成する上で必要な価値を，発達の段階を考慮しながら，内容項目として取り上げています。今回（平成29年）の改訂で，内容項目の数が，低学年は16項目から19項目，中学年は18項目から20項目，高学年は22項目のまま，中学校は24項目から22項目になりました。この内容項目は，道徳的諸価値が含まれたものになります。

　それでは，「理解する」について考えてみましょう。ここには，3つの理解があります。

　1つ目の理解は，「価値理解」です。人間としてよりよく生きる上で大切なことを理解することです。道徳的価値のよさ，すばらしさ，意義を理解することです。具体的には，「親切にすると，相手も自分も気持ちがよくなるなあ。」「目標に向かって努力をして達成できると，次もまたがんばろうという気持ちが高まるなあ。」などが考えられます。

　2つ目の理解は，「人間理解」です。道徳的価値は大切であってもなかなか実現することができない人間の弱さなども理解することです。具体的には，「困っている人に親切にすることの大切さはわかっているけれど，恥ずかしくてなかなか声をかけることができないなあ。」「きまりを守らなければいけないことはよくわかっているけれど，つい急いでいると迷惑をかけることがあるなあ。」などが考えられます。

　3つ目の理解は，「他者理解」です。道徳的価値を実現したり，実現できなかったりする場合の考え方や感じ方は1つではなく，多様であるということを前提として理解していくことです。具体的には，「正しいと思ったことをやるとき，相手のことを思ってやることもあれば，正しいからやらなければと思うこともあり，いろいろな考え方があるんだなあ。」「親切にできないときにも，恥ずかしいから，誰かがやるだろうと思うから，自分の用事で急いでいるからなど，いろいろな考えがあるんだなあ。」などが考えられます。

　道徳科では，この3つの理解について，学習します。

　これまでの道徳科の授業の実態を見ると，「他者理解」に弱さを感じます。教師と児童の一問一答の授業ではなく，児童が主体的に，仲間と考え方や感じ方と比べながら，人間理解や価値理解をしていく授業をめざしていくことが大切です。

道徳科の目標の中の「自己を見つめ」とは，どのように考えたらよいのでしょうか。

　自己を見つめるとは，自分との関わり，つまり，これまでの自分の経験やそのときの考え方や感じ方と今の自分を照らし合わせながら，さらに，考えを深めることです。したがって，これまでの自分の行為やそのときの考え方や感じ方を見つめ，さらに，そのときのことを今思うとどうであるのかを見つめ，こうすればよかったとか，そのことを思うと自分は，まだこんなところに課題がある，こんなことをさらに伸ばしていきたいなどの目標を見つけたりしながら，考えを深めることになります。このようにして，これまでの自分と今の自分について見つめます。これからの自分については，今の自分を見つめたとき，これからの実践意欲や態度について表出されることでしょう。ここで，無理にこれからの自分を引き出そうとすると，どの児童も「自分は〜していきたい。」「これからは，○○のようにしていきたい。」という型にはまった表現になるおそれがあります。

　また，ここでは，自己を見つめる発達の段階を考慮して，めざす姿を明らかにしていかなければなりません。一人ひとり，自己を見つめる力は異なりますが，おおよその発達の段階を踏まえた，自己を見つめるときにめざす姿をもつことが大切になります。発達の段階を踏まえ，一人ひとりがめざす姿をもつことは，指導・援助の具体化にもつながります。

　さらに，教材等（ある特定の場面や状況）を通して，自分との関わりを考えることも，自己を見つめることの1つです。教材等で，道徳的価値の理解（価値理解，人間理解，他者理解）を図るとき，児童一人ひとりがこれらの理解を自分との関わりの中で捉えることが大切になります。

　そのために，教材の中に入り込んでいけるような教材提示を工夫したり，登場人物になりきって語ることができるように指導したりします。また，仲間の考え方や感じ方と比べて自分はどのように考えたり，感じたりしたのかを表出できるようにする教師の指導・援助が大切になります。

　最後に，自己を見つめるときの留意点として，ある特定の場面，状況に留まるのではなく，日常生活で今後出会うであろう様々な場面，状況において道徳的価値を実現することができるよう，道徳的価値の適用の場を広げることが大切になります。そこで，自己を見つめるときには，道徳的価値の適用の場を広げる指導・援助をして，これまでの自己を見つめていくことになります。

道徳科の目標の中の「物事を多面的・多角的に考え」を,どのように考えたらよいのでしょうか。

　道徳科の授業において,物事を一面的に捉えるのではなく,児童自らが道徳的価値の理解をもとに考え,様々な視点から物事を理解し,主体的に学習に取り組むことが,よりよく生きるための基盤となる道徳性を養うことにつながります。

　今回（平成29年）の改訂では,一面的という言葉と相反する「多面的・多角的」という用語が使われているので,例を挙げながら,この用語を解説しましょう。

　まず,「多面的」についてです。例えば,円錐があります。この円錐をいろいろな方向から見ると,円,二等辺三角形などいろいろな形に見えてきます。いろいろな形に見えるということを,道徳的価値に置き換えて考えてみると,道徳的価値の大切さを理解する（価値理解）,道徳的価値は大切であっても実現がなかなか困難なことを理解する（人間理解）,道徳的価値に関わる多様な考え方や感じ方があることを理解する（他者理解）となり,道徳的価値に関わって様々な視点から見るということが,「多面的」と捉えられます。もう少し,具体的に考えてみると,＜B　親切,思いやり＞という内容項目では,親切のよさやすばらしさを理解する（価値理解）,親切にするのが大切なのはわかっているけれど難しいなあと感じる（人間理解）,親切にできないけれど,いろいろな気持ちがあるなあと考える（他者理解）ということになります。

　次に,「多角的」について考えてみます。例えば,同じように＜B　親切,思いやり＞という内容項目で考えます。親切な行為を実現するときに,恥ずかしがっていてはなかなか実現することはできません。そこには,「勇気」が必要になってきます。また,「友情」があるから,「親切」にできるということも考えられます。「親切」にすると,「感謝」の気持ちが生まれてきます。このように,「親切」にするときには,他の内容項目との関連が見えてきます。これを,「多角的」と捉えます。

　今回の改訂の,「多面的・多角的」という用語は,いろいろな解釈が考えられます。しかし,いずれにせよ,道徳科の授業を進めていくとき,児童が物事を一面的に捉えるのではなく,様々な視点から考えたり,感じたりすることができる授業を構築していくことが教師には求められます。

「考え,議論する道徳」という用語は,どのように捉えたらよいのでしょうか。

　道徳科の授業において,「考え,議論する」ことが求められてきています。では,具体的にどのように捉えたらよいのか考えてみましょう。

　まず,「考え」の捉えです。「考え」とは,「考える」「主体的に」「自分との関わりで」ということが大切になります。つまり,「主体的な学び」ということです。このねらいは,自分の考え方や感じ方を明らかにするということです。道徳科の特質から考えると,自己理解するということです。授業での児童の姿のイメージとして,基本発問に関わって,自分の考え方や感じ方をもち,進んで表出する姿ということになります。ここでは,児童が考え方や感じ方をもつことができるように,時間を取って考えさせることが大切になります。

　次に,自分の考え方や感じ方をもとに,「議論する」です。道徳科での議論とはどういうことでしょうか。それは,多様な考え方,感じ方と出会い,交流することで,他者理解をしていくことです。言い換えると,「対話的な学び」ということです。仲間の考え方や感じ方に出会って,自分の考え方,感じ方をより明確にすることで,確かな自己理解につながります。そして,「深い学び」が生まれます。

　授業での児童の姿のイメージとして,グループ学習をしたときで考えてみましょう。グループ学習で基本発問に関わって,自分の考え方や感じ方を発表し,その後,グループの仲間の考え方や感じ方を聞き,それによって,今の自分の考え方や感じ方がどう変わったかを発表するという姿になります。さらに,児童の発言で具体化すると,「私は,恥ずかしいという気持ちをもっていたけれど,〇〇さんの『誰かが助ける。』という気持ちを聞いて,それも私にはあるなあと思いました。恥ずかしいという気持ちと誰かが助けるという気持ちが今の私にはあります。」ということになります。議論することを通して,学びが深くなったことがわかります。

　すべての教科に共通していた「アクティブ・ラーニング」というキーワードが,「主体的,対話的で深い学び」というキーワードに変わってきています。道徳科にも,「考え,議論する道徳」の中に,「主体的な学び」「対話的な学び」「深い学び」が含まれていることがわかります。

「道徳科の特質」とよくいわれるのですが,具体的にどんなことでしょうか。

　道徳科の特質については,昭和33年に道徳の時間が特設されてからこれまで不易なものとされていました。今回(平成29年)の改訂でも,その特質は変わらないということです。では,その4つの特質についてキーワードをもとに考えてみましょう。

　1つ目は,「計画的,発展的」です。今回,道徳が教科になった1つの理由として,1年間に行わなければならない道徳の時間,35時間が確実に実施されていなかったことがあります。義務教育なのに,すべての学校で道徳の時間が確実に行われず,不公平感がありました。したがって,教科書を活用した各学校の年間指導計画に基づいて確実に道徳科の時間を実施することがとても大切になります。

　2つ目は,「補充,深化,統合」です。「補充」とは,日常の教科等における道徳教育でほとんど扱われない内容項目を,道徳科の時間で扱うことです。例えば,＜D　感動,畏敬の念＞がそうです。道徳科の時間では,1年間を通して各学年の内容項目はすべて扱わなければいけないので,日頃,教科等における道徳教育で扱う機会があまりない内容項目も扱います。それが「補充」です。「深化」は,日頃,道徳教育の中で,特に重点項目などについて道徳性を高めていますが,道徳科の時間に十分に時間を取ってさらに深めるということです。例えば,＜B　親切,思いやり＞については,休み時間に親切にした事例を朝の会で紹介したり,教科の時間に問題が解けない児童にやり方を教えた児童を価値づけたりしていますが,なかなか深めていることにはつながりません。そこで,道徳科の時間に深めるのです。「統合」は,道徳教育の中では様々な場面で道徳性を育てていますが,それらがばらばらでつながっていないので,道徳科の時間にまとめたり整理したりすることです。

　3つ目は,「4つの理解と1つの関わり」です。4つの理解とは,価値理解(価値の意義とよさの理解),人間理解(人間の弱さの理解),他者理解(多様な考え方や感じ方の理解),自己理解(自己を見つめる)です。1つの関わりとは,自分との関わりです。教材の中でなら,主人公と自分との関わりです。

　4つ目は,「内面的資質の育成」です。道徳的判断力,道徳的心情,道徳的実践意欲,道徳的態度の育成です。道徳性を育成するのですが,道徳科の時間は心の育成にあたり,行為の育成ではありません。また,様々な場面や状況にまで広げることが求められるので,教材だけで終わることなく,教材で高められた価値観から自己を見つめていくことが大切です。

 道徳科の特質の1つである「内面的資質の育成」の中の「様々な場面や状況」という文言について、どのように考えたらよいのでしょうか。

　道徳科の特質として、「内面的資質の育成」があります。内面的資質とは、道徳的判断力、道徳的心情、道徳的実践意欲、道徳的態度のことであり、道徳科の時間では、行為の育成ではなく、心の育成をすることを意味しています。その際、その育成する心は、日常生活や今後出会うであろう様々な場面や状況に生かされなければなりません。今回の質問は、ここでの「様々な場面や状況」のことを指しています。では、授業で、どのようにこの内容を扱えばよいのかを考えてみましょう。

　まず、導入です。例えば、＜C　規則の尊重＞を扱う授業では、「きまりにはどんなきまりがありますか。」と問いかけ、日常生活での様々なきまりを挙げます。そして、これらのきまりを展開後段で見つめます。具体的には、「授業の最初に、みなさんはいろいろなきまりを話してくれました。今から、そのきまりについて自分は守れているか、守れていないのかふり返ってみましょう。」と展開後段で問いかけます。

　次に展開です。展開といっても展開後段の自己を見つめるときです。教材は、ある特定の場面や状況なので、ここで留まるのではなく、様々な場面や状況に広げていくことが必要になります。そこで、指導・援助として、教師は様々な場面や状況を提示することが考えられます。展開前段できまりを守ることの意義やよさを捉えたあと、教師が「このクラスに、主人公の○○さんのように、きまりを守って過ごしている子がいます。紹介します。」と言って、2、3の事例を紹介し、場面や状況を広げます。また、様々な場面や状況を見つけさせるために、例えば、「今のお話では、すべり台できまりを守ることが大切であることがわかりました。ほかにもみなさんたちの生活の中にどんなきまりがありますか。」と問いかけます。このように、授業ではある特定の場面や状況で留まることのないよう、様々な場面や状況に広げることを大切にしなければなりません。

Q10 今回（平成29年）の改訂で,「将来出会う」から「日常生活や今後出会うであろう」と表現が変わったのは,どんな意図があるのでしょうか。

　この内容は,内面的資質（道徳的判断力,道徳的心情,道徳的実践意欲,道徳的態度）の育成に関わることです。

　これまでは,「将来出会うであろう様々な場面,状況」でしたが,今回の改訂で「日常生活や今後出会うであろう様々な場面,状況」に変わりました。どんな意図があるのか考えてみましょう。

　共通点は,「様々な場面,状況」です。したがって,「不易と流行」という言葉から考えると「不易」の部分になります。教材では価値追求の場面は,ある特定の場面,状況なので,そこから,価値の適用の場を広げていくことが必要だという意味です。具体的には,教材が「なわとび」の内容で,＜A　希望と勇気,努力と強い意志＞ならば,それを「なわとび」から「学習」や「仕事」にも広げていく必要があるということです。

　では,「流行」の「日常生活や今後出会うであろう」について考えてみます。これまでは,「将来」でした。将来というと,かなり,先のことに感じるのではないでしょうか。5年生の児童に,「将来どんなことをしたいですか。」と問いかけたとします。「ケーキ屋さんになっておいしいケーキをつくりたい。」「お医者さんになって病気で苦しんでいる人を助けたい。」などの答えが返ってくることでしょう。

　今回の改訂のキーワードの1つとして,「いじめへの積極的な対応」がありました。いじめへの対応を考えると,「将来」まで待っていていいのかという意見が出たと推察できます。そこで,「日常生活や今後出会うであろう」という表現になったのでしょう。道徳科の時間が終わったあとに,すぐにも内面的資質が生きて働きはじめることを求めていることがよくわかります。

　しかし,留意しなければいけないことは,道徳科は内面的資質（心）を育てることであり,行為を育てることではないということです。道徳科の時間が終わって行為に生かしたいということはわかりますが,道徳科では,心の育成を大切にしなければなりません。

　このように,道徳科の目標を十分に理解した上で,道徳科の時間を計画的に実践していくことが大切です。

学習指導案を作成するときに，授業のねらいは，どのように書いたらよいのでしょうか。

低学年の内容項目＜B　友情，信頼＞「友達と仲よくし，助け合うこと。」で考えてみましょう。まず，道徳科の特質は，内面的資質を育てることで，行為を育てることではありません。したがって，行動レベルの書き方は道徳科の特質に合っていないことになります。その上に立って，ねらいの書き方のいくつかの例を挙げてみます。どの書き方がよいのか考えてみましょう。

> ①　友達と仲よくし，助け合おうとする心情を育てる。
> ②　友達を助けようとした「私」の気持ちの変化を通して，友達同士助け合おうとする心情を育てる。
> ③　友達を助けようとした「私」の気持ちの変化について理解し，友達同士助け合おうとする心情を育てる。
> ④　友達同士助け合うことが大切であることを理解し，友達同士助け合おうとする心情を育てる。
> ⑤　友達を助けると自分も友達もいい気持ちになることに気づき，友達同士助け合おうとする心情を育てる。

①は，小学校学習指導要領の内容項目をそのまま書いたものです。教材によって何をねらうのかを具体化しないと，ねらいが明確になりません。②は，「～を通して」と書いていますが，「～を通して」というのは，方法になります。道徳科のねらいに方法は書きません。また，この「～を通して」を書くことは，教材の特定の場面，状況に限ったものになってしまいます。③の「『私』の気持ちの変化について理解し，」は，国語科の読解のねらいになってしまいます。読み取り道徳になります。④は，「大切であることを理解し」ですが，何が大切であるのか，内容が不明確で，授業でどのように価値を追求していけばよいのかがわかりにくくなります。この「大切であること」を内容項目の発達の段階に応じて，具体化する必要があります。そして，⑤は，低学年の内容項目に合わせて，教材を通して何に気づかせるのかが具体的になっているので，この記述の仕方が道徳科のねらいにふさわしいといえます。

また，「この道徳科の時間のねらいは。」と問いかけられとき，授業者は明確に答えられなければなりません。具体化しすぎて，授業者がねらいを答えられないようでは問題です。授業のねらいを明確にすることが大切です。

Q12 道徳科の特質を生かした基本的な学習指導過程とは，どのように考えたらよいのでしょうか。

	学習指導過程	指導上の留意点
導入	○ねらいとする価値への方向づけや教材への橋渡しをする。	○ねらいへの方向づけや自分との関わりがもてるように，教材における考える視点を明確にする。 ・主人公を明示したり，登場人物の人間関係，時代背景等を解説したりして教材の理解を援助する。 ・生活面から導入し，生活経験を問いかけるときは，導入で重い雰囲気にならないように失敗経験は問いかけない。
展開前段	○教材を通して，一人ひとりが主人公の生き方から道徳的価値を追求し，把握する。 ・感想，問題を出し，追求課題をもつ。 ・主人公の苦悩や葛藤を自分との関わりで考え，人間理解をする。 ・主人公が克服していく考え方や感じ方を捉え，価値の意義を理解する。 ・主人公の喜び，悲しみなどから価値のよさやすばらしさを理解する。	○主人公の立場になって考え，共感しながら，ねらいとする道徳的価値について他者理解を通して自分との関わりで人間理解や価値理解を深める。 ・中心教材は，原則としてその時間に与え，価値追求する。 ・基本発問はどの理解の基本発問なのかを明確にして，3，4問準備する。 ・あらすじや状況を聞くことは道徳科の特質からずれているので聞かない。 ・挙手発言だけでなく，意図的指名によって多様な考え方や感じ方を引き出すとともに，一人ひとりの考え方や感じ方に気づかせる。他者理解から自己理解を大切にする。 ・発言の根拠を大切にし，一人ひとりの考え方や感じ方の違いを比べることによって他者理解を深め，確かな自己理解を図る。
展開後段	○教材から離れて，高められた価値観から一人ひとりが自己を見つめる。	○教材から離れて，自己を見つめ，ねらいとする価値を自覚できるようにする。 ・自分の経験，そのときの考えや気持ち，今の自分の考えや気持ち，自分の傾向性，自己の課題を見つめる。
終末	○ねらいとする価値の整理，まとめをする。	○児童のねらいに関わる高まった行為，格言，ことわざ，作文，教師の体験等でねらいとする価値のまとめをする。 ・押しつけにならないようにする。

基本的な学習指導過程を大切にしながら，発達の段階を踏まえた指導過程を工夫するには，どのようにすればよいのでしょうか。

　基本的な学習指導過程に従って，基本発問（人間理解の発問，価値理解の発問，自分を見つめる発問）を順にして，授業を進めることが多いと思いますが，同じ学習指導過程ばかりだと，子どもの追求意欲もしだいに弱くなります。

　そこで，特に，高学年や中学校の授業では，ねらいを明確にして，できるだけ基本発問を精選し，児童生徒の教材への関わりを大切にしながら，語りきらせていく授業を工夫する必要があります。

　例えば，中心教材での基本発問を考えると，基本過程では２つ程度（人間理解，価値理解）の発問になりますが，１つにすることも考えられます。人間理解で基本発問を２つにすることもありますが，どちらの基本発問が多様な考え方や感じ方を引き出せるかを考えて１つに精選することも大切です。また，中心教材で価値を理解することがねらいなので，価値を理解する発問だけを基本発問にするということも考えられます。学年が上がるにつれて，児童生徒の思考も前から順に進めなくても，対応できるようになってくるので，順番に基本発問をする必要もなくなってきます。価値を理解する発問の中で，児童生徒の発言を捉え，仲間の発言と関わらせて多様な考え方や感じ方を補助発問によって引き出したり，自分の考え方や感じ方が変容していったことに気づかせたりして授業を進めていくことが考えられます。

　基本発問を１つにするときの方法として，児童生徒の感想が価値理解の反応ばかりのときは，その感想を生かしたり，児童生徒が関わってきた場面での考えや気持ちをまとめたりすることが考えられます。

　このように，学年が上がるにつれて，教師の基本発問を減らし，児童生徒主体の授業になるよう工夫することが大切になります。

Q14 発問には，中心発問，基本発問等いろいろありますが，どのように取り扱えばよいのでしょうか。

　道徳科の発問には，大きく分けて3つあります。中心発問，基本発問，補助発問です。それぞれ，その発問のねらいがあります。では，それぞれの発問の取り扱いについて考えてみましょう。

1　中心発問

　中心発問は，本時のねらいに迫るための中心となる発問です。本時のねらいから捉えて，この発問をすることでねらいに迫っていくことになります。したがって，教材を活用するとき，この中心発問を先に決めることになります。この中心発問を決めてからねらいに迫るためには，どんな発問を準備したらよいのかを考えます。

2　基本発問

　基本発問は，ねらいに迫るための中心発問を支える発問になります。中心発問を決め，その後，基本発問を決めることになります。具体的には，人間理解や価値理解につながる発問になります。基本発問を決めるときは，教材から人間理解や価値理解に関わる内容がどこに描かれているか，その場面を探すことになります。したがって，教材における基本発問を決めるとき，教材の初めから順番に決めていく必要はありません。

3　補助発問

　補助発問は，基本発問ではそのねらいに迫れないときに補助的にする発問です。例えば，ねらいとする価値観を深める補助発問（深めの発問），多様な考え方や感じ方に気づかせる補助発問，価値観を深めるための問い返しや切り返しの発問等，人間理解や価値理解に気づかせるための補助的な発問であり，授業に臨むときには，必ず具体的に考えておかなければならない発問です。児童の反応を見届け，どんな補助発問を問いかけたらよいのか，授業のねらいに迫る決め手になります。

　以上の3つの発問をもとに授業を構築していきます。しかしながら，ねらいに迫るための発問は，中心発問ですが，中心発問の捉え方が様々にあるために，本書では，基本発問という用語を活用して，今後，実践等を紹介していきます。

学習指導案の学習指導過程で,「基本発問」と「児童の反応」「留意点」等を書きますが,どんなことに留意したらよいのでしょうか。

まず,「基本発問」について考えてみましょう。基本発問はねらいを考えて,精選します。基本発問は,人間理解,価値理解,自己を見つめる発問です。ただし,そこにつながる発問も,ときには必要になるので,基本発問として考える場合も出てきます。しかし,これは数が増えることになり,時間内に本時のねらいに迫れないことになります。基本発問の数が多くなるときには,それが人間理解か価値理解のどちらをねらっているのかを,まず明確にします。人間理解が2か所あるならば,どちらが多様な考え方や感じ方を引き出せるかを考え,1つに絞ります。ここでは,登場人物やあらすじを聞いたり,ねらいにつながらない基本発問をしたりすることは当然,してはいけないことになります。

次に,「児童の反応」について考えてみましょう。基本発問をしたときの児童の反応に,意図が見えない学習指導案があります。ここでの児童の反応は,例えば人間理解だと,本時のねらいに関わる人間理解の反応を書かなければなりません。さらに,具体的な実践例を挙げると,親切にできないときの児童の反応ならば,「誰かが助けるだろう。」「ぼくのことではない。」「知らない人だから恥ずかしい。」「みんなが見ているから恥ずかしい。」「ぼくだって都合がある。」などの反応を書くことが大切です。「どうしよう。」などの行為の迷いを書いたり,本時でねらっている人間理解の反応ではない内容を書いては,ねらいに迫ることができません。

最後に,「留意点」について考えてみましょう。留意点には,基本発問のねらいに迫るための指導方法や指導・援助に関わる内容を書きます。特に,予想される児童の反応を引き出すために,どんな指導・援助をしたらよいのかを書くことが必要です。すなわち,授業で児童に具体的に問いかける補助発問を準備しなければなりません。こうした構えをもっていると,いつも,具体的にどのように児童に問いかけるのかという補助発問が具体化され,教師としての資質や能力の高まりにつながります。

学習指導案の学習指導過程では,「基本発問」,「児童の反応」,「留意点」がリンクしていることが大切です。

Q16 基本発問の「児童の反応」を予想するのですが，具体的に，どのように指導・援助していけばよいのでしょうか。

　どの教科も学習指導過程の各段階で期待する児童の反応を描き，その反応にするために指導・援助を具体化して授業に臨みます。道徳科の授業も同じです。学習指導案の学習指導過程での基本発問に対して，なんとなく児童の反応を描き指導案を作成していては，ねらいに迫ることができません。

　具体的に，児童の反応および指導・援助について考えてみましょう。

　まず，価値理解の場面です。＜Ｂ　親切，思いやり＞では，価値理解をするには，3つの内容が求められます。「相手への深い理解」「勇気」「少しの自己犠牲」です。予想される児童の反応は，教材に合わせて描かれていることが大切になります。こうしためざす児童の反応が描かれていると，授業をしているときに見届けの視点となります。そして，この反応が授業の中で表出されていないならば，具体的な指導・援助が必要になります。ある授業では，「少しの自己犠牲」の反応がなかなか表出されませんでした。そこで，「あなたもせっかく座ったのに，席を譲ってもいいの？」と問いかけます。児童は，「ぼくももっと座っていたいけれど，おばあさんのことを思ったら，ぼくはもう席に座るのはよくて，おばあさんに座ってもらいたい。」という児童の反応が表出されました。「ぼくは，もっと座っていたいけれど席を譲る」という「少しの自己犠牲」の反応を引き出すことができたのです。

　次に，自己を見つめる場面です。期待する児童の反応としては，自分の行為だけを見つめるだけでなく，そのときの考えや気持ちまでも見つめることをめざしています。前述の内容項目で具体的に考えてみましょう。基本発問「これまでに親切にしてよかったなあと思ったことにどんなことがありますか。」と問いかけ，児童は，「運動場で遊んでいるときに，転んだ1年生の子に『大丈夫？』と声をかけたことがよかったです。」という反応でした。ここでは，そのときの考えや気持ちまで見つめていないので，指導・援助として「1年生の子に声をかけたとき，1年生の子はどんな様子だった？　その様子を見てどんな気持ちになった？」と問いかけます。児童は，「1年生の子はうれしそうで，にっこりしていた。それを見て私もうれしくなった。また，優しく声をかけたいと思った。」という反応が返ってきました。指導・援助によって，期待する児童の反応を引き出すことができました。

　このように，各基本発問で期待する児童の反応を描き，授業で児童の反応を見届けて，指導・援助を具体化していくことが本時のねらいに迫っていくことになります。

「読み物道徳」にならないようにといわれますが，学習指導案のよくない記述例とは，どんな内容でしょうか。

　教材の登場人物の心情理解に終始する授業は，読み物道徳といわれていますが，学習指導案のよくない記述を具体的にどう改善したらよいのかを考えてみましょう。

●おじいさんの心の変化を捉えられるようにする。
　おじいさんの心の変化を捉えることは，おじいさんの心情を理解するということになり，国語科の心情理解になります。授業で，親切にすると自分も気持ちがよく相手も喜んでいるということを，役割演技を通して自分との関わりで捉えさせたいという，教師の指導の構えがあるならば，次のような記述になります。
◎親切にすることのよさを自分との関わりで考えさせる。

●池に行くことができたりすの喜びの気持ちに共感させる。
　喜びの気持ちに共感させることは，りすの喜びを感得させたことに留まり，やはり，りすの喜びを味わっただけになり，読み取りになります。ここでは，次のような記述になります。
◎友達のよさを感じたときの思いを考えさせる。

●ゆっきとやっちの喜びを捉えさせる。
　ゆっきとやっちの喜びを捉えさせるだけになり，読み取りになります。ゆっきとやっちの喜びから，友達同士が助け合うことのよさを，役割演技等を通して自分との関わりで考えることがねらいになります。ここでは，次のような記述になります。
◎友達同士助け合うことのよさを，自分との関わりで考えさせる。

　以上のように，「変化を捉える」「共感させる」ことが目的ではなく，内容項目の，4つの理解（価値理解，人間理解，他者理解，自己理解）と自分との関わりから何をねらうのかを明確にすることが大切です。

「読み物道徳」ではないかといわれますが，どのようにして自分との関わりをもたせたらよいのでしょうか。

　教材では，主人公を中心にして，道徳的判断力や道徳的心情，道徳的実践意欲および道徳的態度を育てていきます。これまで学習指導案の留意点でよく記述されていましたが，「主人公の気持ちに共感させる。」「主人公の心の変化を捉えさせる。」などの指導案上での表現は，読み取りになります。共感させることや心の変化を捉えさせることが目的になっているからです。

　実は，道徳科の学習では，主人公の考えや気持ちを追求するとき，主人公の置かれた場面や状況に共感して考えや気持ちを表現していますが，これは，主人公の心の中に入り込んで，自分の考えや気持ちを表出しているのです。しかし，自分の考えや気持ちであることをなかなか自覚できず，自分との関わりがもちにくいのが現状です。

　そこで，次のような3つの指導の手立てが考えられます。

1　場面や状況を明らかにして，基本発問を工夫し，自分との関わりをもたせる。

　これまでは，「主人公の私は，立っているおばあさんを見て，どんなことを思っているでしょう。」という基本発問でしたが，「あなたは，立っているおばあさんを見て，どんなことを思いますか。」というように，場面や状況を明示して「主人公は」を「あなたは」に変えていくという工夫をして，自分との関わりをもたせます。

2　「○○さんの気持ちについてどう思いますか。」と問いかけて他者理解し，自分との関わりをもたせる。

　ねらいに関わる考えや気持ちを板書で整理し，その中のどれか1つの気持ちを取り出して，「○○さんの気持ちについてみなさんはどう思う？」と問いかけます。そして，「私は，○○さんの気持ちはあまりないなあ。」「ぼくは，○○さんの気持ちも少しあります。」という発言があれば，「私は」「ぼくは」というように，自分との関わりで他者理解をして，自己理解をしています。このように，他者理解をするための発問を工夫することで，自分との関わりが生まれてきます。

3　児童に主人公の考えや気持ちを話すことは，自分の考えや気持ちを話していることになることを理解させる。

　道徳科のオリエンテーション等で，学び方を指導するとき，主人公の考えや気持ちを話すことは，実は，自分の考えや気持ちを話していることだということを理解させます。

　以上のような指導の手立てを工夫して，自分との関わりをもてるような道徳科の授業をすることが大切です。

Q19 「手品師」（高学年）＜Ａ　正直，誠実＞では，どのような発問構成にしたらよいのでしょうか。

　高学年のこの内容項目のねらいは，誠実になります。誠実とは，私利私欲を交えず，真心をもって人や物事に対することです。まず，発達の段階を踏まえて，内容項目を理解することが大切です。

　さて，この教材は，売れない手品師が，友人の誘いで夢であった大劇場の舞台に立つか，小さな男の子との約束を守るかで迷いに迷った末，きっぱりと友人の誘いを断り，次の日には，男の子の前で手品をしているという内容です。教材は，男の子との約束を守ってという感じで書かれていますが，「約束を守ろう」ということでまとめると，読み取りになり，低学年のねらいになります。高学年のねらいに迫るために，この教材を扱わなければなりません。

　ここでは，真心をもって人に対するという内容を授業のねらいとするので，迷いに迷って，きっぱりと断るところが中心発問となります。そして，その価値のよさをつかむために，男の子の前で手品をしているところが基本発問となり，また，迷いに迷った人間理解のところも基本発問ということになります。しかしながら，中心発問や基本発問だけでは，なかなか価値理解や人間理解に迫ることができないので，補助発問を具体化しなければなりません。例えば，きっぱりと断った手品師の考えを捉えさせるための補助発問として，「男の子に決めたのは，どんなことにこだわったからでしょう。」「男の子に約束した日を変えてもらって，大劇場に出ればよかったのに，それをしなかったのは，どうしてなのかなあ。」など，価値理解を深めていくための補助発問が大切になります。手品師の生き方にまで迫っていく補助発問が必要なのです。

　また，教材から離れ，自己を見つめる段階では，誠実な生き方をしている児童を児童理解のもとに紹介し，一人ひとりがこれまでの自分は真心をもって人に接したり，自分ができることを精一杯やってきたかどうか見つめていくことになります。

　このように，ねらいに迫るための中心発問を決め，そして，それを支える基本発問を具体化します。しかし，それだけでは，なかなかねらいに迫ることはできませんので，考え方や感じ方を深めたり，広げたりする補助発問を具体化しなければなりません。

学習指導過程の，導入，展開（前段，後段），終末の各段階を，ねらいにふさわしい名称にするとしたら，どのようにつけたらよいでしょうか。

　それぞれの学校での学習指導案の学習指導過程の左に各段階の項目が書かれていると思います。導入，展開（前段，後段）終末と書かれている学校もありますが，学校独自でその段階の名称を工夫しているところもあります。

　その際，各段階のねらっている内容がわかる名称をつけると，それぞれの段階の意味がよくわかってきます。また，児童側の表現だと，より児童主体の指導案になると考えられます。

　そこで，それぞれの段階でねらっている内容を踏まえ，どんな名称にすればよいのかを考えてみましょう。

　導入では，本時にねらう価値への方向づけがねらいなので，価値へ向かう方向を児童がつかんでいくとなると，「つかむ」という表現が考えられます。教師側で書くと「方向づける」が適切でしょう。

　展開前段では，中心教材を通して特定の場面や状況での価値を理解していきます。そこで，まず，児童が自分の考え方や感じ方に気づき，仲間の考え方や感じ方にも気づいたあと，さらに自分の考え方や感じ方に気づくということを考えると，「気づく」という表現が考えられます。

　さらに，価値を追求していったあと，価値を理解していくので，「理解する」「感得する」もいいですが，もう少し，柔らかい表現にすると，価値について深め，理解することなので，「深める」「わかる」という表現も考えられます。したがって，前段では，「気づく」と「深める」または「わかる」ではどうでしょうか。教師側だと，「引き出す」と「理解させる」「感得させる」または「自覚させる」ではどうでしょうか。

　展開後段では，高められた価値観から自己を見つめることがねらいなので，「ふり返る」「見つめる」が考えられます。

　終末では，本時の価値についてまとめ，整理することをねらっているので，「まとめる」が適切でしょう。

　いずれにせよ，学習指導過程の各段階で何をねらっているのかがわかるような表現にしていくことが大切であり，その上に立って各段階の名称を工夫するとよいでしょう。

感動的な教材で，共感的な扱いをした授業展開は，どのようにしたらよいのでしょうか。

　各教科書を見てみると，感動的な教材がかなり入ってきています。例えば「花さき山」などです。しかし，これまでの研究授業では，感動的な教材はあまり多く活用されていませんでした。そこで，今後，感動的な教材を活用するとき，ねらいに迫るためにどのように授業を展開していけばよいのかを積極的に研究していく必要があります。

　それでは，授業実践の１つを紹介します。

　まず，教材に児童が正対したときの考え方や感じ方を大切にします。主人公の言動でどの場面がすばらしいかを問いかけます。教材を読む前に，「主人公のすばらしいところを見つけて，あとで発表してください。」と投げかけておきます。読み終わったあとの感想の発表では，児童は主人公のすばらしい場面を２，３か所見つけていると考えられます。特に，ここで，「いちばんすばらしいと思ったことはどんなところですか。」と，「いちばん」という言葉を入れて問いかけると，より感想が焦点化します。この場面が基本発問の場面になります。

　そのあと，それぞれの基本発問において，主人公の考えや気持ちを問いかけます。そして，児童から引き出されたねらいに関わる反応を板書で整理します。

　次に，本時のねらいに迫るために，「主人公は，それぞれの場面で，いつもどんな考えや気持ちがあったのだろうか。」と問いかけ，主人公の心の中に貫いている考えや気持ちを見つけ出していきます。

この児童の反応をまとめることが本時のねらいにつながっていくので，このまとめの内容を枠で囲んで板書します。

　今回は，主人公の気持ちを追求してねらいに迫るという共感的な扱いでの授業展開を示しました。次のＱ22では，感動的な扱いでの授業展開を考えてみたいと思います。

Q22 感動的な教材で，感動的な扱いをした授業展開は，どのようにしたらよいのでしょうか。

　前回のＱ21では，感動的な教材で，共感的な扱いでの実践例を紹介しました。今回は，感動的な扱いでの実践例を考えてみます。

　感動的な扱いでも，教材に正対したときの児童の考え方や感じ方を大切にして授業を展開します。教材を読んだあと，主人公の言動ですばらしいところを見つけます。つまり，教材の感動点を見つけることになります。具体的には，「今から，○○というお話をします。主人公は□□です。主人公のしたことですばらしいなあと思ったところを，あとで発表してください。」と投げかけてから，授業を進めます。

　児童がすばらしいと考えたり感じたりするのは，自分との関わりで自分にはなかなかできないことだからすばらしいと考えたり感じたりするところです。そこで，感動した場面を基本発問にして，「どうしてすばらしいと思うのか。」と問いかけます。

　＜Ｂ　親切，思いやり＞の児童の反応例からもう少し具体的に考えてみましょう。「私だったら恥ずかしいという気持ちが強くて，とても助けることができないのに，主人公は勇気をもって助けているのは，すごいと思います。」「私だったら誰かが助けるだろうという気持ちが強くて通り過ぎてしまうけれど，主人公は相手のつらい気持ちがよくわかって，助けることができてすごいと思います。」「主人公は今，どうしても行かなければいけない用事があるのに，それを犠牲にしてまで助けるのはすごいと思います。私にはできません。」などの反応が表出されます。この３つの反応例からキーワードを捉えると，「私だったら」という自分との関わり，「恥ずかしい」「誰かが助ける」「用事を優先する」という人間理解，「勇気をもって」「相手のつらい気持ちがよくわかって」「自分の用事を犠牲にしてまで」という価値理解が含まれています。

　そこで，ねらいに迫るために，価値理解の反応を引き出して深め，価値観を高めていくことが大切になります。人間理解を生かし，価値理解に迫るための発問として，「みなさんはなかなか助けることができない多様な気持ちがあることを発表してくれました。そこで，もう一度，主人公がどんな気持ちが強くて助けることができたのかを，これから深めていきましょう。」と問いかけます。そうすることで価値理解の内容だけを取り出して，考え方や感じ方を深め，本時のねらいに迫っていくことになります。

　この学習展開でも学び方の定着が欠かせません。児童の中に，「自分との関わり」「人間理解」「価値理解」が認められる話し方が身に付いていることが必要になります。

Q23 価値のよさやすばらしさが描かれていない教材は、どのように活用したらよいのでしょうか。

　人間理解の場面は描かれているけれど、価値のよさやすばらしさの場面が描かれていない教材もいくつかあります。例えば「かぼちゃのつる」や「金色の魚」などです。どのようにねらいに迫るとよいのかを考えてみましょう。

　授業の展開として多く見られるのが、まず、人間理解で主人公に共感して、自分との関わりで多様な考え方や感じ方に気づき、そして、価値理解をするために、場や条件を設定して主人公がどのように行動し、どんな考え方や感じ方になったかを追求して、ねらいに関わる価値観を高めていくという学習展開です。その際、価値のよさやすばらしさを味わう場面では、体験的な活動である役割演技を取り入れてねらいに迫っていきます。

　ここで、留意したいことは、主人公がその後どのように行動していくかを問いかけたとしても、それだけに留まってはいけないということです。それは、道徳科の特質が、内面的資質を養うことがねらいだからです。どのように行動していくかという追求だけに終わらず、行動の背景にある考え方や感じ方を追求することが大切なのです。

　そこで、役割演技をするときは、教師の指導・援助として、具体的には、演じる側に「今、あなたは助けると言ったけれど、どんな気持ちでそんなことをしようとしているの？」「どういう考えからそんな行動をしようとしたの？」、役割演技を見ている側には、「Aさんのしたことを見て、今、どんな気持ちになっているの？」など、児童にそのときの考えや気持ちを問いかけ、引き出すことが必要になります。このように、役割演技を見ている児童にも、演じている児童の考えや気持ちを捉えてどう思ったのかを問いかけることが大切になります。

　価値のよさやすばらしさが描かれていない教材を活用するにあたって、主人公のその後の行動を話し合っていくことは、児童が意欲的に追求する姿になりますが、決して役割演技が目的にならないようにします。役割演技を通して価値理解に関わる考え方や感じ方を深めることを大切にしなければ、道徳科の特質に沿った授業にはなりません。

　また、第2教材の投入も考えられます。ねらいに関わってできている事例を示し、教材と比べることによって、価値理解をしていくことも1つの方法です。

共感しやすいのは,どのような教材でしょうか。

　授業で教材を活用していると,「今日は,子どもの反応があまりよくないな。どうしてなのかな。」「今日の子どもたちは主人公になりきって語っていて意欲的に価値を追求していた。」などと,授業後,思わずつぶやくことがあります。

　私自身,授業を積み重ねてきた経験をふり返ってみると,共感しやすい教材には,動物や生き物が出てきました。高学年には動物や生き物が出てくる教材はほとんどないので,低学年の教材ということになります。低学年では,動物や生き物になりきって道徳科の学習が楽しくできるということです。

　逆に,低学年で共感しにくい教材はどんな内容でしょうか。日常生活を題材にした教材を扱うと反応があまりよくなかったなあという印象があります。これは,話の内容が児童の生活に身近すぎると,主人公の気持ちを話していても自分のことを話しているということに気づき,話しにくくなるのではないかと考えられます。

　道徳科の学習は,自分の考え方や感じ方を主人公に託して語るので,動物や生き物の考えや気持ちを追求するときには,安心して自分の考え方や感じ方を語ることができるのでしょう。動物や生き物が出てくる教材を扱い,ペープサートなどを活用して教材提示をし,児童が主人公になりきって語る,楽しい道徳科の授業をめざしていくことが大切です。

　次に,中・高学年の教材について考えてみましょう。教材の内容に,人間理解の場面があり,そして何かのきっかけで価値理解に向かう場面がはっきりと描かれている教材は,児童も意欲的に価値を追求します。教材における人間理解の場面では,自分との関わりで主人公の弱い考えや気持ちに共感します。ねらいに関わる価値観が高まるきっかけの場面では,価値の追求意欲も高くなり,価値のよさを味わう場面も十分に共感します。人間理解の場面,価値観が高まるきっかけの場面,価値のよさやすばらしさを味わう場面が明確にあり,話の内容が理解しやすい教材は,児童の追求意欲の高まりにつながります。

　また,価値理解の場面がなくても,今後,どのようになっていくかを自分との関わりで考えられる教材も,共感しやすく,追求意欲の高まりにつながります。

Q25 文部科学省の教材と教科書の教材で同じものがありますが、表現が少し異なっているところがあります。どちらを使うとよいのでしょうか。

　教科書の教材の中には、文部科学省の教材をそのまま掲載したり、一部削除したり、表現を変えたりしたものがあります。これは、教科書を編集する委員の願いや思いによるものです。このため、教科書を発行する会社によって、原文から少し違った教材になることがあります。

　基本的には、教科書の教材で十分にねらいに迫ることができますが、もし、その教材の出典が文部科学省の教材ならば、ぜひ、2つを読み比べてみてください。興味をもって読むことができます。

　教科書の教材には、場面や状況がよくわかるようなさし絵が入り、児童が自分との関わりで共感しやすいように工夫がしてあります。また、そのさし絵を黒板に貼り、児童の考え方や感じ方を引き出すために有効に活用したり、わかりやすく板書を整理したりできます。

　一方で、教科書の編集方針によっては、2ページや、4ページにおさめようとすることがあります。そこで、編集委員会では、作者に著作権に関わる承諾を得た上で、文部科学省の教材のどこを削除するのか、内容を変えないでどこの表現を変更するのかを検討し、教材づくりをします。

　作者の意図と編集委員会での意見が異なれば、教科書の教材と文部科学省の教材には違いが出てくることもあります。しかし、教科書会社は十分に作者の意図をくみ取って、何回も会議を重ねた上で教材を編集しています。例えば、ある教材に気持ちや考えが過分に書かれていると、その場面を行為だけにしていることもあります。これは授業で扱いやすいように教材を工夫していると考えられます。このように、長い間扱われてきている教材でも、少し変わっていることがあるのです。文部科学省と教科書の教材を比べ、児童の実態に合わせて、どちらが授業で扱いやすいかを考え、どちらの教材を活用するのか決定することが大切です。

Q26 行為がマイナスに終わってしまう教材で，児童が実践への意欲をもつためには，どのような工夫をしたらよいのでしょうか。

　教材の中には，価値に関わって，行為がマイナスで終わってしまっている教材があります。

　例えば，「かぼちゃのつる」（低学年）＜Ａ　節度，節制＞，「金色の魚」（中学年）＜Ａ　節度，節制＞，「初めてのアンカー」（高学年）＜Ｃ　家族愛，家庭生活の充実＞などが挙げられます。

　「金色の魚」では，おばあさんが，欲張りすぎて次から次へと金色の魚に願いごとをしてしまったために，最後には，穴のあいた桶だけが残ったという話です。欲張って，次から次へと頼んでしまったことが，よりよい暮らしにつながらなかったという内容です。この教材では，よりよい暮らしのよさやすばらしさについては，理解できないために，児童の実践への意欲を高めようとすることには弱くなるかもしれません。

　そこで，よりよい暮らしをすることのよさを自覚するために，学習指導過程のどこかで指導の工夫をすることが必要になります。

　例えば，展開後段での工夫を紹介しましょう。「金色の魚」の実践で，度を過ぎるとよりよい暮らしにつながらないことに気づいたあとに，自己を見つめるのですが，自己を見つめる前に，度を過ごさない暮らしをしたらよいことがあったこと（例　テレビが見たいのを我慢して，見る時間を1時間に決めて，勉強を続けたらテストでいい点がとれたこと，ゲームをやりすぎないで時間を決めてやって，夜遅くまで起きていなかったら，次の日の勉強がよくがんばれたことなど）を紹介する中で，「金色の魚」の主人公の度を過ごしたおばあさんと，度を過ごさない暮らしをしたことと，どこが違うのかを比べたり，テストでいい点がとれたり，次の日の勉強がよくがんばれたりしたときの気持ちに気づかせたりするなど，よい暮らしをすることのよさを感得させていきます。そのあと，一人ひとりが度を過ごしたり，度を過ごさなかったりして生活していることをふり返って，ねらいに迫っていくという指導が考えられます。

　また，終末で，教師が度を過ごさないで生活したために，よい暮らしにつながったという説話をし，実践への意欲を高めていく指導もあります。

　このように，度を過ごさないで生活すると喜びにつながることを感得していく工夫を，学習指導過程のどこかですることが，実践への意欲をいっそう高めていくことにつながります。

Q27 教材の分析を効率的にするには、どのようにしたらよいのでしょうか。

　研究授業の学習指導案を見ると、各学校では教材（中心教材）に関わる教材分析表を工夫し、教材分析をもとに、発問等を明確にしています。ねらいに迫る上で、きわめて大切なことです。

　しかしながら、毎時間の道徳科の授業を実施するにあたって、この作業はたいへん時間がかかります。そこで、効率的に教材分析をして、授業に生かす手立てを考えることが必要になります。

　教材分析のねらいは、本時のねらいに迫るために、教材のどの場面で基本発問をし、どの言葉を生かして多様な考え方や感じ方に気づかせたり、ねらいに関わる考え方や感じ方を深めたりしていくかを明らかにすることです。教材を何度も読み、その中のねらいに関わるところに線を引き、基本発問や児童の反応を書き込むことを継続することが大切になります。具体的にその方法を紹介します。

> 1　教材を最低10回は読む。（何回も読むことによって、ねらいに迫るための場面が明確になってきます。回数は内容の難易度や量によって異なります。）
> 2　本時のねらいから、どの場面を基本発問にするのかを見つける。そして、どのように発問するかを具体的にする。
> 3　基本発問から、児童の反応を予想し、どんな考え方や感じ方が引き出せるか、予想される児童の反応を明らかにし、指導・援助まで具体化する。
> 4　道徳的価値を理解するときに、深めていくキーワードを教材の中から見つける。そして、そのキーワードをもとに、どのように児童に補助発問をするのかを具体的にする。

　教材分析は1人でするよりも、ぜひ、学年会や道徳部会ですることをおすすめします。学年会や道徳部会で、教師が児童になってどんな考え方や感じ方が引き出せるのか反応し合うことで、期待する児童の反応を多様にもつことができます。また、道徳的価値を深めるときに、どのようなキーワードでどのような補助発問をするとよいのかも、話し合って深めることができます。

　教材を分析して、授業に臨むことはきわめて大切です。学校内で組織的に、効率的に、継続的に教材を分析して、多様な考え方や感じ方を引き出し、道徳的価値を的確に理解できるよう日々努めることが、児童の道徳性の育成につながります。

Q28 教材を分析して基本発問の場面を決めるには、どのような手順で行ったらよいのでしょうか。

　教材における基本発問の場面は、道徳科の特質である価値理解、人間理解、他者理解、自己理解のうちの価値理解と人間理解を広げたり深めたりする場面になります。

　そのために、まず、教材を何回も読みます。読めば読むほど作者の思いが伝わってきます。そして、ねらいに迫るために、主人公の言動の中で、価値理解、人間理解の場面を見つけ出していきます。

　ところで、教材を読んでいると、人間理解の場面がいくつも考えられることがあります。具体的には、「まどガラスと魚」（中学年）＜Ａ　正直、誠実＞では、主人公の千一郎がまどガラスを割った直後に謝らなければいけないと思う場面、何回も遠回りをして割れたまどガラスを見に行き、「ガラスをわったのはだれだ？」という貼り紙を見て、謝るかどうか迷う場面が人間理解として考えられる場面になります。２つの場面を基本発問として扱ってもよいのですが、２つの基本発問をすると45分の授業でねらいに迫るためには時間内におさまりません。また、２つの人間理解を扱うと重複してしまって時間的にも無駄ができます。

　そこで、どちらかの場面に決めることが基本発問の精選にもつながります。その際、どちらの場面に決めるかは、どちらが人間理解において多様な考え方や感じ方が表出される場面かを考えて選択します。そこが、人間理解の基本発問の場面になります。この教材では、最初の場面よりも、あとの場面の方が経過した時間とともに多様な考え方や感じ方が表れてくると考えられます。つまり、貼り紙を見て、謝るかどうかを迷う場面です。

　同様に、２か所の価値理解の場面があれば、いちばん価値観が深まる場面を基本発問として決めます。

　このように、基本発問を精選して、児童が学習活動で十分に考え、議論することができるようにします。

時間をかけないで、導入したいのですが、生活導入か、教材導入か、どちらがよいのでしょうか。

　導入のねらいは、価値への方向づけです。本時のねらう内容項目に関わって、児童がどんな価値について学習するのか気づくことが大切です。

　1時間の授業の中で、導入に時間をあまりかけることはできません。3，4分程度です。できるだけ、短い時間で価値への方向づけを行い、本時のねらいに迫るための時間を十分に取ることが大切になります。

　では、時間をかけないで、効果的に導入するにはどうしたらよいのかを具体的に考えてみましょう。

1　直接、教材に入る場合

　教材を児童が一読すれば、どんな価値を扱うのかわかる場合は、導入をする必要がありません。この導入の時間をぜひ、本時のねらいの人間理解や価値理解、自己を見つめる時間にあててください。ただし、教材に登場する主人公など、話し合っていく上で必要な情報は示した方がより効果的です。

2　教材の中の用語が理解しにくい場合

　高学年や中学校の教材の中には、歴史上の人物や外国のできごとなど、時代背景や地理的状況を説明しないと内容を理解できない場合もあります。そこで、導入の段階で理解しにくい用語を説明したり、その当時の作品やその場所の状況がわかる写真を提示したりするなど、教材をより深く理解できるような工夫をすることが大切になります。

3　教材に多様な価値が含まれている場合

　教材を一読しただけでは、いろいろな価値が含まれているために、どの価値について追求するのかわかりづらいときがあります。その場合には、教材を読む前に、本時のねらいに関わる生活場面を紹介したり、児童が想起できるような問いかけをしたりして、価値への方向づけをします。ただし、時間がかけられないことを考えると、児童の生活経験の様子をあまり引き出さないことが大切です。

　このように、生活導入か教材導入かということではなく、教材の内容によって、どの導入が効果的なのかを上記の3つの視点から判断することが必要です。

　いずれにせよ、3，4分程度で導入を行い、人間理解や価値理解、自己を見つめる時間を十分に取ることが、道徳科の特質を大切にし、ねらいに迫っていくことにつながります。

Q30 価値への方向づけとしての導入では、どんな工夫が考えられるのでしょうか。

　導入のねらいは、価値への方向づけです。では、どんな工夫が考えられるか具体的に考えてみましょう。

　1つ目です。導入と展開後段（自己を見つめる）をつないだ導入の工夫です。

　例えば、「今日は、きまりについて勉強しますが、学校での生活や地域での生活でどんなきまりがありますか。」と問いかけます。児童は、学校生活では、「廊下を走らない。」「雨の日は運動場を使わない。」「遊具を使うときは、割り込まない。」「手洗い場では勝手に割り込まない。」などを発表してきます。地域での生活になると、「横断歩道を渡る。」「信号を守る。」「公園では、ボールを使って遊ばない。」「塀に落書きをしない。」などが出てくることでしょう。これらは、ねらいとする価値に関わって、価値を適用する場を広げていることになります。これが、展開後段の自己を見つめるときに役立ってきます。例えば、自己を見つめるときの基本発問として、「授業の最初で、いろいろなきまりをみなさんは見つけて、話してくれましたね。みなさんは、最初に話してくれたきまりは守れていますか。いや、少し守れていないなあと思っている子もいるかもしれません。では、これから、自分はきまりについてどうであったか思い出してみましょう。」というような指導が考えられます。これは、導入で価値の適用の場を広げ、その視点から自己を見つめていくという工夫です。

　2つ目です。ねらいとする価値についての具体的な事例を紹介して、価値への方向づけをしていくことです。

　具体的な例として、＜B　友情、信頼＞の授業で、「○○さんと△△さんは、友達同士です。○○さんは、△△さんが算数の問題がわからなかったとき、やり方をていねいに教えてあげました。△△さんは、○○さんが傘がなくて困っていたとき、『入って。』と声をかけていっしょに帰りました。このように、今日は、困ったときに助け合うことができる友達のことについて考えていきましょう。」と投げかけ、展開に入っていきます。

　その際、留意点として、ねらいとする価値に関して、「できたこと」を紹介していくことが大切になります。「できたこと」を紹介することで、児童の意欲が高まります。「できなかったこと」を紹介すると、授業の入り口で児童の意識が重くなります。児童が意欲的に価値を追求していくことを考えると、ぜひ、「できたこと」を紹介して、価値への方向づけを行ってください。

Q31 導入には，時間をかけないことが大切ですが，導入で扱う内容が多いときにはどうしたらよいのでしょうか。

　高学年や中学校の教材の内容によっては，様々な価値が含まれているために生活導入をしなければならなかったり，内容を理解するために時代背景や人物について説明したりしなければならないことが出てきます。これを導入で扱うとなると時間的にも無理が出てきます。

　そこで，どうしたらよいのかを考えてみましょう。

　まず，様々な価値が含まれていることについては，価値への方向づけをするために，生活導入をしなければなりません。したがって，これを省略することはできません。

　次に，教材の内容の理解については，1時間の道徳科の時間ではなく，その前にどこかの時間で扱うという工夫が考えられます。

　具体的に考えてみましょう。

　人物の生き方を扱う教材が増えてきています。そこで，人物ならば，朝の会の先生の話で，例えば，「今日の道徳科の時間は，伊能忠敬さんの話を読んで勉強します。みなさん，伊能忠敬さんを知っていますか。伊能忠敬さんというのは，………（伊能忠敬の肖像画や伊能忠敬らが作った日本地図などを提示しながら）。」というように，人物について紹介をして，道徳科の時間にスムーズに入れるようにしておきます。このように，あらかじめ児童生徒がその人物についておおよその知識をもってから，教材を読むという方法が考えられます。児童生徒は教材に親近感をもって，意欲的に授業に向かうことができます。

　その他にも，授業の前日に，「明日の道徳科は伊能忠敬さんの話で学習します。伊能忠敬さんがどんな人かを家庭学習で調べてきてくれませんか。」と投げかけておいて，朝の会で伊能忠敬について調べてきた児童生徒に発表させて理解を深め，道徳科の学習に入るという工夫も考えられます。

　要するに，道徳科の時間の前に，教材を理解するための手立てを工夫して，道徳科の導入の時間を効果的に扱うことが大切なのです。

Q32 導入で，「今日は，親切について考えます。」と本時でねらう価値を示すことについて，どう考えたらよいのでしょうか。

　導入は，確かに価値への方向づけがねらいです。したがって，この方法は，間違ってはいないといえます。しかし，教師からの一方的な価値への方向づけになるので，児童は受け身になって道徳科の授業を受けることになります。

　では，どうしたらよいのかを考えてみましょう。児童が主体的に学習することを考えると，本時でねらう価値について自ら気づくことが大切になります。そこで，教師の問いかけや事例の提示の中で，児童に気づかせるような工夫が必要になります。

　いくつか事例を挙げてみましょう。

　1つ目です。生活の場面でのねらいに関わる行為に気づかせるために，「この子のしていることで，どんなことが問題だと思いますか。」と投げかけ，その内容に関わる話をします。その後，児童の問題と思う考え方や感じ方を引き出し，価値への方向づけをすることが考えられます。また，ねらいに関わる行為を示しながら，「この子は，今，どんな気持ちや考えでいるのでしょうか。」と問いかけ，行為の背景にある意識を引き出し，価値への方向づけをすることも考えられます。

　2つ目に，教師が捉えているねらいに関わる事例（できるだけ「できたこと」）を示し，具体的な児童の姿から本時でねらう価値について気づかせます。具体的には，「〇〇さんは，登校のとき，1年生の子がなかなか歩けないとき，クイズを出したり，優しい声をかけたりして学校まで連れてきました。すごいですね。今日は，相手のことを思う気持ちについて考えていきましょう。」というような投げかけをします。

　3つ目に，例えば，＜B　親切，思いやり＞の内容項目では，親切にされた側の経験を問いかけ，親切に関わる学習をすることに気づかせます。具体的には，「〇〇さんは，縦割り遊びでどこの教室に行くのかわからなかったとき，高学年の子に優しく教えてもらいました。教えてもらったとき，どんな気持ちだった？」というような問いかけをします。

　4つ目に，高学年や中学校でよく扱われますが，事前に内容項目に関わるアンケートをとり，その結果をもとにして話し合い，本時の価値への方向づけをします。ただし，導入は短時間で行わなければならないので，時間を意識して工夫する必要があります。

　いくつかの例を挙げましたが，短時間で行うこと，本時の価値について児童が主体的に気づいていくことをキーワードとして考え，様々な指導の工夫をすることが大切です。

導入の工夫をするにあたって，低学年らしい具体的な実践を教えてください。

　導入は，価値への方向づけがねらいですが，それを踏まえて，さらに，低学年では，教材に浸らせるために，その前の段階での工夫が考えられます。

　低学年では，主人公を明示して，ペープサートなどを活用して教材の提示をしますが，その際，事前にこの主人公を自分との関わりで身近に感じさせることも教材に浸っていく上で大切になってきます。

　では，具体的な実践を紹介します。

> （先　生）今日の主人公は，ゆっきです。ゆっきに出てきてもらいます。ゆっきー。（ペープサートのゆっきを机の下などに隠しておいて出す。）
> （ゆっき）はーい。（登場）1年1組のみなさん，こんにちは。
> （児　童）こんにちは。（やや小さい声で）
> （ゆっき）1年1組の子は，少し元気がないみたい。青木先生，もう一度あいさつしていいかな？
> （先　生）いいよ。
> （ゆっき）こんにちは。
> （児　童）こんにちは。（大きな声で）
> （ゆっき）1年1組の子は，本当はとっても，元気のいいあいさつができるんだね。これから，ぼくのお話，「ゆっきとやっち」を青木先生にしてもらいます。みんなよく聞いていてね。では，青木先生よろしくお願いします。

　このようなやりとりで，主人公と児童を身近な関係にしておき，教材に浸らせるという指導の工夫をし，自分との関わりを大切にしていきます。

　その他にも，教材に登場する人物や動物のペープサートを教室に前日から置いておき，休み時間などに児童に触れさせ，親近感をもたせる工夫もあります。

　このように，教材を提示する前に，自分との関わりをもたせるための指導の工夫を行うことが，児童の価値への追求意欲につながります。

教材を読むときに、どんなことに留意したらよいのでしょうか。

　教材を読むときのねらいは、一読して児童が内容を理解すること、そして、その教材に浸りきることです。それが、主人公や登場人物に共感することにつながり、道徳科の特質である自分との関わりから考え方や感じ方を引き出すことになります。

　まず、事前に教材を何度も読みます。目をつぶって聞くと、その情景や心情が浮かんでくるところまで読み込んでおきたいです。

　そして、道徳科の授業で、教材を読む前に主人公を明示します。例えば、「今日の主人公は、○○さんです。」というようにします。これによって、児童が教材を読むときの視点ができ、価値を追求していく際に、追求意欲が高まったり、深く追求したりすることにつながります。

　次に、教材を読みます。教材には、ねらいに迫るためのキーワードがいくつかあります。それをどのように読むかがポイントになります。「迷いに迷いました。」という文章表現があるならば、このあとの読み方は、どうしたらよいでしょうか。すぐに読んだのでは、迷いに迷った主人公の心情を児童は考えることはできません。やはり、ここでは、「迷いに迷いました。」と読んだら、その後は、しばらく間をあけて児童に考えさせることが必要です。「『ありがとう。』と何度も言いました。」という文章なら、何度もなので、「ありがとう。」「ありがとう。」「ありがとう。」と繰り返して読んでもいいでしょう。こうした読み方が児童の心に深く残り、価値追求のときに、追求意欲が高まります。

　さらに、児童との関わりで、教材を読んでいるときは、児童の表情をよく捉えながら読むことを心がけたいです。教材を通して、児童の心が揺れているはずです。そこを捉えて、生かします。例えば、「お話を読んでいるとき、○○さんは、えっという顔をしていましたが、そのときどんなことを思ったのですか。」など、そのときの表情を捉えて発問に生かすことも、児童の意識をつないで価値を追求していくことになります。

　児童が一読して教材を理解し、さらに、その内容に浸っていくためには、事前に何度も読み、キーワードをつかんでその読み方を考えておくこと、強弱、速度、間を大切にして工夫すること（あえて範読ではなく朗読）が大切です。そして、児童の反応を見届けながら、読む力量を高めていきたいです。

5　教材の提示

Q35 低学年の教材で使用するペープサートを作成するときの留意点を教えてください。

　ペープサートとは，紙人形のことです。人物や動物の絵などを描いた紙に棒をつけ，動かして演じます。

　低学年の道徳科の授業を参観していると，教材提示の際に，このペープサートを活用して児童を引きつけ，児童が教材の中に浸っていく授業があります。

　では，ペープサートをどのように作成したらよいか考えてみましょう。

　1つ目です。ペープサートの大きさです。登場する人物や動物に合わせて大きさを考えます。くま，おおかみ，うさぎなどが登場する「はしのうえのおおかみ」では，くまをかなり大きく作らないとおおかみの気持ちが捉えにくくなり，教材への理解が十分でなくなります。また，黒板いっぱいを使って提示し，板書に活用する際にも，動物の大きさのバランスは重要です。

　2つ目です。ペープサートは裏と表と両面に絵を貼らなければなりません。片面だけだと，裏返したときに児童から様々な反応が出てきて，教材提示が台無しになってしまうことがあります。ただし，向きを変えないというのであれば，片面だけでもよいでしょう。

　3つ目です。ペープサートは動かすので，安定感が求められます。わりばし1本で止めるのは持ちにくく，ぐらぐらします。教材提示のときにぐらぐらしていると，児童からは授業のねらいに関係のない反応が出てきます。わりばしを使用して，Vの字にして2本で止めると安定感があり，ぐらぐらしません。また，このペープサートを板書に活用するときには，ペープサートの表と裏の間に磁石をつけて，板書に貼りつけると効果的です。

　4つ目です。ペープサートの表情がとても大切になります。登場人物の心情を視覚に訴えていくということです。特に，主人公や登場人物の心の変化がわかるようにするために，最初の場面の表情と最後の場面の表情を変えて提示することが大切になります。また，目の表情を変えるだけでもずいぶん表情が変わり，児童にその変容がよくわかるようになります。

ペープサート

Q36 ペープサートによる教材の提示は，どんなことを工夫したらよいのでしょうか。

　低学年の発達の段階を捉えると，児童は教材の内容について，文字で理解するよりも，視覚や聴覚で捉えての方が理解しやすく，さらにできるだけ動きが入っていることでより理解しやすくなります。よく，紙芝居を活用して読み聞かせることがありますが，視覚に訴えての教材提示です。さらに，ここに動きを入れていくとより理解が深まり，教材の中に浸りきることができます。つまり，低学年では，ペープサートを活用することがいちばんよい方法ということになります。

　では，ペープサートを活用してより教材に浸りきらせるためには，どのようにすればよいでしょうか。

　まず，場面をダイナミックに考えていきたいです。教室の前面を教材の場面にするぐらいの迫力があると，児童は教材の中に吸い込まれていき，自分との関わりで考えられることにつながります。

　いよいよ，ペープサートを活用しての教材提示です。ペープサートを活用することを考えると，できるだけ暗記をし，特に，ねらいに迫るキーワードを大切にして提示をします。なぜ，暗記をするのかというと，児童が教材に正対したときの表情を見届けることができるからです。教材を提示していると，主人公に「そんなことをしてはだめだよ。」「優しいおおかみさんになったね。」「もう少しだからがんばれ，がんばれ。」というつぶやきが出たり，顔をしかめたり，にこっと笑ったりなどの表情を捉えることができます。そして，この反応を価値の追求に生かすことができます。

　しかしながら，毎時間，暗記するわけにはいきません。そこで，画用紙等に遠くからでも見えるように話の内容を書いて，それを少しずつ読みながら，児童の表情も確かめながら教材をていねいに提示します。

　低学年では，教材を手元にもたないことが多いので，教材の提示の仕方があとの授業展開に大きく影響します。事前に，教室で，どこでどのようにペープサートを動かし，キーワードをどのように読んだらよいのか，間をどこであけたらよいのかなど，学年の先生に見てもらって何度も模擬提示をしておくと，すばらしい教材の提示になり，教師の力量や児童の追求意欲が高まります。

Q37 低学年の教材提示で，暗記しなくてはと思っていますがとても覚えられません。どうしたらよいのでしょうか。

　教材を暗記して提示できるということは，教材を何度も読み，授業をする前に実際に学級の黒板の前で何度も模擬提示しているに違いありません。これは，教材分析を十分にして，教材を自分のものにしていることにつながります。また，児童の顔や表情を見て，反応を確かめながら提示することができ，児童の様子を捉えての教材提示ができていることになります。

　すべての道徳科の授業で，暗記をして教材提示をすることが理想ですが，計画的に確実に授業を実践していく上で，無理があるのはいうまでもありません。そこで，ねらいに迫るために，暗記を大切にするのか，教材のていねいな提示を大切にするのかどちらをとるかということになると，後者になります。教材の作成者の意図を考えると，内容をていねいに提示しなければなりません。授業者の思いによって勝手に削除したり，内容を変更したりすることは望ましくありません。

　そこで，教材をていねいに提示することや児童の反応を確かめながら提示することを大切にした具体的な方法を紹介しましょう。

　まず，画用紙を山と谷ができるように（式辞のようにひだにする）折り，そこに，少し遠くからでも読めるぐらいの大きさの文字で教材の文章を書きます。これで，この文章と児童の顔を見ながら教材を提示することが可能になります。さらに，その文章の横に，「この言葉を強調する」「間をあける」「ペープサートの向きを変える」「ペープサートを黒板に貼る」など，教材提示の際のきめ細かい留意点を書き込んでおけば，それを見ながら確かな教材提示をすることができます。

　これで，教材の内容を確実に提示することができるとともに，細かい留意点もわかり，確かな教材提示ができることになります。

　また，こうした取り組みでできた教材は，学校の財産としてぜひ残していきたいです。この教材を保管することで，次年度にもすぐに活用することができます。児童はよい教材提示に出会うとともに，教師は時間を有効に使えることになり，学校としての道徳科の充実につながっていきます。

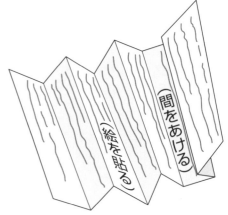

小学2年生と3年生では，教材提示がかなり異なりますが，児童が無理なく学習できるようにするにはどうすればよいのでしょうか。

　低学年では，ペープサートや絵，紙芝居を活用して，児童には教科書をもたせない工夫をし，教材の内容を理解させようとしている授業が多いようです。

　中学年になると，教科書を活用して，教師が教材を間をあけ，抑揚をつけながら範読（朗読といってもよいでしょう）し，教材の内容を児童に理解させようとしています。

　どちらも教師が指導力を発揮して教材提示の工夫をしています。ここでのねらいは，教材の内容の理解です。発達の段階に応じた教材提示の工夫によって，どの児童も理解できるようにすることが大切です。

　そこで，3年生の初期の段階では，これまで行われてきた2年生の教材提示を生かした工夫をすることがある程度必要になります。

　具体的に考えてみましょう。3年生の初期の段階では，2年生に活用していた紙芝居などを導入することが考えられます。また，教材の内容をどの児童も理解することがねらいなので，教材を読むときには，教材の内容が児童に伝わるように，きめ細かい読み方への配慮が大切になります。例えば，人間理解の場面では，間を十分にとります。具体的には，「迷ってしまいました。」という表現があれば，この後，しばらく間をとって，ここで児童が考えやすいようにします。「大きな声で言いました。」という表現があれば，主人公もそのときの気持ちを込めて大きな声で朗読することも必要です。教材の中に，児童をいかにして引き込み，自分との関わりをもたせるかがポイントになります。

　2年生で活用した紙芝居等の教材提示も残しつつ，教材の読み方では範読，さらに朗読を心がけることが大切です。

　また，教材の提示の在り方とは異なりますが，発達の段階やこれまでの指導を生かすことを考えると，低学年で活用していた役割演技については，中学年でも大いに活用し，考え方や感じ方がより深められる指導を継続することが望まれます。中学年でも役割演技が求められています。低学年から中学年への役割演技の活用を段差のないように，スムーズに広げていきたいものです。

Q39 教材を提示するとき、教材を途中で切って授業を進めるのは、どのように考えたらよいのでしょうか。

　教材を提示するとき、基本的には、教材を全編通して範読（朗読）し、そのあとに、主人公等の気持ちや考えを追求し、ねらいに迫っていく授業を実践していることが多いようです。

　しかし、指導方法を工夫するという観点から、範読を途中で止め、教材を分断して提示する授業を見ることがありますが、基本的には避けたいと考えます。

　なぜならば、教材を1つの作品としたとき、それを分断することは、作者の意図した作品のねらいと異なったものになり、児童の教材への関わりも異なったものになると考えられるからです。

　確かに、教材を分断して提示すると、児童は、前半の内容に関わる話し合いのあと、「次は主人公はどうしていくのだろう。」「きっと主人公はこうするに違いない。」と教材への関心を高めていきます。また、教材後半を提示すると、「やっぱり、主人公はこうしたんだ。」「ぼくが思った通り、やっぱりこうなった。予想通りだ。」などというつぶやきが出てきます。このつぶやきから、主人公の行為がどうなったかにたいへん興味をもっていることがわかります。

　しかしながら、主人公がどうなったかが気になり、主人公の考え方や感じ方の追求に意欲が弱くなることが考えられます。教材の分断は、前半部分と後半部分で意識を連続していくことが難しくなったり、意識を追求していても、後半の内容がどうなっているかに児童の興味がいってしまって、価値への追求意欲が弱くなったりすることにつながります。

　つまり、教材を分断して提示することは、道徳科の授業において大切にしている、自分との関わりで多様な考え方や感じ方に気づき、道徳的価値を追求していくことを難しくすることになります。

Q40 高学年や中学校の，提示に時間がかかる長文の教材は，どのように提示すればよいのでしょうか。

　教材は，発達の段階を踏まえて作成するので，学年が上がるにつれて，長文も多くなります。しかしながら，学級の実態を捉えると，読解が十分にできない児童生徒が多くいることも考えられます。また，1時間で教材を読むときに，ていねいに提示しすぎて，価値を追求する時間が少なくなることもあります。そこで，教材提示の工夫が必要になります。ここでは，いくつかの工夫例を挙げてみましょう。

1　学級の実態として，読解力が弱いとき

　年間指導計画に配列されている教材を活用するという前提のもとで，工夫を考えてみましょう。視覚に訴える工夫を考えると，教材のポイントとなる場面を一枚絵にすることで，場や条件を明確にでき，そのあとの価値を追求する上での指導・援助になります。また，教材を読む前に，中心となる登場人物を紹介したり，時代背景や難しい用語を説明したりすることも重要な指導・援助になります。

2　教材が長文のとき

　朝の活動の時間に読書の時間があるとき，教材を一人ひとりが読んで道徳科の時間に向かうということも考えられます。そして，道徳科の時間には，教材の流れを押さえる中で，必要な部分のみを読んで，価値を追求していくことも考えられます。留意する点として，教材を事前に読んでおくという手立てをとったときには，全員が必ず読んでいることが大切です。したがって，家庭学習にするのは難しくなります。「明日，この教材を道徳科の時間にするので，家で読んでくるように。」という投げかけをして，道徳科の時間を実践すると，事前に教材を十分に扱わないで授業をすることになります。

　また，道徳科の時間を1時間（45分または50分）扱いから弾力的に考え，2時間扱いにすることも考えられます。1時間目の前半に，教材をじっくり読み，後半からねらいとする価値を追求して，2時間でねらいに迫る授業を成立させるという方法です。

　特に，地域の方に協力していただくときは，地域の方の話を教材とするので，1時間話していただき，2時間目からねらいに迫る価値を追求していくことになります。

教材に正対したときの考え方や感じ方を引き出し，展開していく授業には，どんなねらいがあるのでしょうか。

　道徳科の授業を参観していると，「主人公は○○です。これからお話を読みますので，読み終わったあと，主人公について感想を言ってください。」という授業があります。これは，どんなねらいがあるのでしょうか。

1　教材に正対したときの考え方や感じ方を捉える。

　児童は，教材に正対したとき，様々な考え方や感じ方をします。「仕事をしようとするときにすぐにやらないで迷っていたのは，少し残念だと思います。」「仕事がつらくなっても最後までやりとげたことはすばらしいと思います。」など，児童は，価値理解や人間理解の場面に関わってきます。これまでの道徳科の授業で児童がどんな考え方や感じ方をしているのか捉えていると，その傾向も見えてきて，意図的指名もして特に価値理解や人間理解の場面を引き出すことができます。

2　児童が表出した考え方や感じ方を基本発問に生かす。

　児童の考え方や感じ方が表出されたら，それを生かして基本発問につなげます。つまり，児童の意識を大切にするということです。具体的には，「感想のときに△△さんは，仕事をしようとするとき迷ったのは，少し残念と言っていましたね。主人公は迷っているとき，どんなことを考えていたのでしょう。」「□□さんは，仕事がつらくても最後までやりとげたことはすばらしいと言っていましたね。主人公はどんな気持ちでやりきったのでしょう。」「◇◇さんは，最後までやったのはすばらしいと言っていましたね。主人公はやりとげたとき，どんな気持ちになったのでしょう。」など，感想を捉えて基本発問をし，児童の意識を大切にして価値への追求意欲を高めていきます。教師からの一方的な基本発問ではなく，教材に正対したときの考え方や感じ方を生かして基本発問をすることは児童の主体的な学びにもつながります。

3　教材に正対したとき，敏感に反応する力をつける。

　教材に正対したときに感想を聞くことで，主体的な関わりを身に付けることができます。これを年間35時間近く継続することで，しだいにこの学習姿勢が身に付いていきます。こうした学習姿勢ができ上がると，日常生活の中で，本や新聞を読んだときやテレビを見たときに，主体的に自分との関わりをもった考え方や感じ方をすることができるようになります。つまり，感想を引き出すのは，できごとに対して敏感に反応する力を身に付けるためなのです。

感想を引き出して授業を展開するには，教材を読む前にどんなことに留意したらよいのでしょうか。

　感想を引き出して1時間で授業を成立させようとすると，効率的に感想を扱わなくてはなりません。では，感想を引き出すために，教材を読む前の留意点について考えてみましょう。

　教材を読んだあとに，「感想を話してください。」と急に言われても，児童は困惑します。教材を読む前に，「あとで感想を聞くね。」と言われても，やっぱりどんなことを話したらよいのかがわかりません。そこで，どんな視点で感想を話したらよいのかを明示しておくことが大切になります。

　まず，主人公を中心にしてねらいに迫るので，「今日の主人公は，○○です。」と主人公を明示することが大切です。また，Bの視点「主として人との関わりに関すること」，Cの視点「主として集団や社会との関わりに関すること」については，主人公だけでなく，相手や集団や社会との関わりの気持ちも追求するので，ときには，相手や周りの気持ちについても考えます。例えば，「今日は，友達同士の和也さんと正一さんの話です。主人公は，和也さんですが，友達の正一さんの気持ちも考えます。和也さんや正一さんの気持ちについてあとで発表してください。」などの投げかけも考えられます。

　次に，感想としてどんなことをどのように発表したらよいのか，感想の発表の仕方を明示します。具体的には，「主人公のしたことで，残念だなあとかすばらしいなあと思うところを，あとで発表してください。」と投げかけます。自分との関わりで考えられるとともに，残念だなあというところは，道徳科の特質で大切にされる人間理解の場面，すばらしいなあというところは，価値理解の場面にあたります。この感想の視点を与えることで，児童が自ら人間理解の場面と価値理解の場面について気づくことになります。

　また，教材で，すばらしいところがいくつもあるときには，できるだけ話し合いを焦点化し，基本発問を精選するために，「お話の中で，いちばんすばらしいところをあとで発表してください。」と投げかけ，ねらいに迫っていくことが考えられます。

　事前に，感想を発表するための視点を与えることは，児童が教材に主体的に関わることができるとともに，授業の展開を効率よく進めることにもつながります。

教材の感想を聞いて授業を展開するとき，時間がかかってしまいます。よい方法を教えてください。

　感想を聞いて，それを生かして道徳科の授業を展開するとき，「なかなかうまくいかないことが多くて。」という声をよく聞きます。まず，うまくいかない原因をさぐってみましょう。その後，改善策を考えてみましょう。

1　感想をどれくらいの時間をかけて扱ったらよいのかがわからない。

　1時間は45分（50分）なので，感想にどのくらいの時間をかけるのかの見通しをもって授業に臨まなければなりません。感想は，基本発問ではないので，5分以上の時間をかけたくありません。感想を引き出すとき，日常であまり挙手していない児童が挙手していると，どうしても話したいという児童の思いを大切にして，つい指名してしまい，時間が延びていくことがあります。児童を活躍させるのも大切ですが，この授業では何をねらうのかを明確にして，時間を強く意識する必要があります。

2　児童の発言意欲を大切にして，同じ発言内容が続いても手立てを講じない。

　児童が発表しようと意欲を見せて挙手していると，教師は，つい次から次へと挙手している児童を指名しがちですが，ここでは多くの児童が発言することがねらいではありません。そこで，例えば，2人の児童が同じ発言をしたら，「〇〇さんと△△さんは，同じところだったけれど，そのほかの場面ではないですか。」と問いかけ，効率的に感想を引き出します。

3　細かい場面にこだわりすぎる。

　感想をもたせるために，児童にすばらしいところや残念なところに線を引かせることがあります。線を引くと，必ず，同じ場面でも線の引く箇所が少しずれていることがあります。そうすると，日頃から教科の授業で，「少しでも違っていたら自分の言葉で発表しなさい。」という姿勢が身に付いているので，児童は，「〇〇さんの意見とは少し違って……」という発言になり，時間がかかってしまうことになります。

　そこで，感想の段階では，線の引く箇所に少しずれがあっても同じ場面ならば，いっしょであると児童に理解させておくことが必要です。こうして，おおまかに，どの場面か捉えることが感想のねらいであると理解させておきます。こうしたことを考えると，教材に線を引かせるという手立ては，かえって感想を引き出すときの妨げになるおそれもあります。

教材で児童が感想を話すとき,どのように話すとあとの授業展開につなぎやすくなるのでしょうか。

　感想の話し方には,発達の段階に応じてめざす姿をもつことが大切です。もちろん,めざす姿が明確になっていると,個に応じた指導にもつながります。

　では,めざす姿を段階的に紹介します。

1　すばらしいところ（価値理解）や残念なところ（人間理解）を話す。

　まずは,すばらしいところや残念なところを見つけます。児童の具体的な反応では,「主人公の○○のところがすばらしい。」「主人公の○○のところが残念。」などです。

2　すばらしいところ（価値理解）や残念なところ（人間理解）を見つけ,その理由を簡単に話す。

　1ができたら,どうしてそう思ったか,理由を話すことが大切です。具体的には,「主人公の○○のところがすばらしいと思います。理由は,相手のことを思って行動したからです。」「主人公の○○のところが残念です。すぐにやればよかったのに,迷っていたところが少し残念だと思いました。」などの反応です。ここで,「簡単に話す」ということを加えたのは,理由を詳しく話していると,あとの学習展開の時間が少なくなってくるからです。理由の詳しい内容は,学習展開で語りきることを大切にしていきます。

3　すばらしいところ（価値理解）や残念なところ（人間理解）を見つけ,自分にも同じような体験があったら簡単に話す。

　自分との関わりをより大切にすると,教材と同じ場面,状況でのできごとが日常生活にもある可能性があります。したがって,そのような体験があるならば,その内容を発言することを求め,自分との関わりで感想をもたせます。「主人公の○○のところがすぐに行動に移せなかったのが残念だと思います。私も,同じようなことがあって,……」などの反応です。ここでも,自分の体験は,時間の都合上,できるだけ簡単に話すようにします。

4　すばらしいところ（価値理解）や残念なところ（人間理解）を見つけ,自分が話し合いたいところを話す。

　児童が自分で話し合いたいところを見つける感想の話し方です。例えば,「主人公の○○のところがすぐに行動に移せなかったのが残念で,ここでの気持ちをみんなで考えていきたいです。」などです。ここで,留意したいのは,理由をもたないで話し合いたいところばかりに意識がいかないようにすることです。必ず,どうしてその場面を選んだのかの理由を話すことが大切です。そうしないと,話し合いたいところが増えてしまって,収拾がつかなくなります。

Q45 感想は、1年生でも尋ねるのですか。発達の段階を踏まえるとどんな方法があるのでしょうか。

　感想を生かした授業は1年生でもできますが、教材に正対したときの「つぶやき」を生かして授業を進める方が、発達の段階を踏まえた指導になります。

　では、「つぶやき」を生かすとはどのようにするのかを具体的に考えてみましょう。

　1年生の児童は、教材を読んでいるときに、「優しい。」「そんなことをしたらだめだよ。」「すごい。」などとつぶやくことがあります。幼児や1年生は、話を最後まで聞いて感想を話すよりも、その場で思ったことをつぶやくという特性があるからです。この特性を道徳科の授業に生かすのです。つぶやきのまとまりを感想と捉え、低学年ではつぶやきを生かした授業、中・高学年では感想を生かした授業というように、発達の段階を踏まえて、教材に正対したときの考え方や感じ方を生かす授業をめざします。

　具体的には、教材を読むときに、主人公や登場人物のしたことや考えたことで、このようなつぶやきを引き出して授業を展開していくということです。

　ここで、このつぶやきを引き出すための留意点を考えてみましょう。

1　主人公を明示し、具体的なつぶやき方を例示します。

　どんなことをつぶやいてもよいのではなく、ねらいに迫るために、誰のしたことや考えたことにつぶやくのかを明示します。また、つぶやき方もよくわからないので、つぶやき方を教える必要があります。例えば、「今日は、かにさんが主人公です。このかにさんのしたことや考えたことについて、『優しいね。』『がんばれ。』『よかったね。』など、優しくお話ししてくださいね。」というように、主人公を示し、つぶやき方を例示します。

2　児童がつぶやきやすいように間を大切にします。

　つぶやきを引き出す場面では、教師が間をとり、つぶやきやすいように工夫をします。授業の展開につなげるために、人間理解や価値理解での場面についてつぶやきを引き出すようにします。また、つぶやきが長くならないように、児童がつぶやきをすぐやめるようにするための合図を決めて、教材の提示が継続するようにしていきます。

3　児童がつぶやけるような取り組みをします。

　いきなり、道徳科の授業で「つぶやきましょう。」といってもなかなかつぶやくことはできません。そこで、読書の時間や朝の会、雨の日の休み時間に紙芝居を活用してつぶやく練習をして、つぶやくことに慣れていくことが大切になります。

　低学年では、教材の登場人物に関わって「つぶやき」を取り入れた道徳科の授業にチャレンジしてみてはいかがでしょうか。

Q46 感想を生かした道徳科の授業で，基本発問とずれた感想が出てきたとき，どのように扱ったらよいのでしょうか。

　感想を生かすということは，出てきた感想を取り上げて授業をする必要があります。教師にとって都合のよい感想だけを取り上げて授業を進めるのでは意味がなく，感想を活用した授業をしない方がよいと考えます。

　ときどき，感想を引き出しておいて，感想が出なかった場面から基本発問をしている授業があります。例えば，主人公の行為のすばらしいところばかりが感想として出たとき，「主人公のすばらしいところを3人の人が，発表してくれましたね。でも，主人公は，最初からそうではなかったですね。最初は主人公は迷っていましたね。では，迷っていたときどんなことを考えていたのだろう。」というように，指導案どおり，最初の場面から基本発問をしている授業です。これでは，児童に感想を聞いた意味がありません。こうした場合は，すばらしいところの感想の場面から基本発問として入るべきです。そして，児童の発言の中に，「最初は」という言葉が出たとき，その場面をどうしても取り上げたいならば，「今，最初は迷っていたということを話してくれましたね。そのときの気持ちを少し聞きたいんだけれど…」というように，児童の発言を生かして，教師がねらっている基本発問だった場面を問いかけることも考えられます。したがって，指導案どおりに授業を進めるのではなく，いくつかの展開例をもって授業に臨み，感想に応じて弾力的な展開にすることが必要になります。

　また，基本発問とずれた感想が出たときにも，それを取り上げて授業を進めていくことが，一人ひとりの発言を大切にした授業になります。例えば，教師が主人公の状況を説明するときに，その感想を取り上げることもあります。

　さらに，感想を生かすとき，「Aさんが主人公の○○のところがすばらしいと言ってくれましたね。主人公は，このとき，どんなことを思ったのでしょう。」「この場面のとき，Bさんは，少し残念と言っていました。それから，Cさんも次の場面で惜しいと言っていましたね。BさんもCさんも同じ残念の場面ですが，今日は，Cさんの場面で考えてみたいと思います。この場面で，主人公はどんなことを考えていたのだろう。」と必ず児童の名前を入れて基本発問につなげたり，授業を進めたりすることが大切になります。

　いずれにせよ，出てきた感想は必ず取り上げるという心構えをもつことが大切であり，これは一人ひとりの発言を大切にする人権教育にもつながっていくのではないかと考えます。

Q47 教材で感想をもたせるとき，教材に線を引くのは効果的なのでしょうか。

　感想をもたせる目的は，児童が教材のねらいに関わる価値理解や人間理解に関わる場面を主体的に見つけることにあります。その1つの方法として教材に価値理解や人間理解に関わる場面について線を引くことが考えられます。

　授業の具体的な場面を見ていると，児童は教師が範読しているとき，主人公の行為や考えについて残念なところやすばらしいところについて線を引いています。ここまでは，よいのですが，発表するときに問題が出てきます。

　感想では，価値理解や人間理解に関わる場面を引き出すことがねらいですが，児童の発言を聞いていると，場面は同じですが，少しでも線を引いたところが違うと，「〇〇さんと違って。」という発言が次々と出てきます。日常的に，教科の授業で，「少しでも違っていたら発表してください。」という教師の働きかけがあると，道徳科の授業でも，少しでも違っていると児童は，意欲的に発言します。そうなると，時間がかかり，45分（50分）で授業を成立させることが難しくなります。

　そこで，児童には，「線を引くのは，場面を見つけることが大切で，場面が同じならば，同じということで発表してください。そして，そのときの考え方や感じ方は，あとでいっぱい話してください。」ということを理解させて授業を進めることが大切になります。

　また，線を引くときの留意点として，教材を読んでいるときに線を引くと，児童は，いっぱい線を引き，その線を引いたところを次々と発表します。そうではなく，教材を読み終わってから少し時間を取って，すばらしいところや残念なところに線を引いた方が，場面が焦点化して授業を進めやすくなります。つまり，教材をすべて読んでから主人公のすばらしいところや残念なところを問いかけるのがよいということになります。さらに，よりその場面を焦点化していくために，いちばんすばらしいところやいちばん残念なところに線を引かせるのも工夫になります。

　教材に線を引いてすばらしいところや残念なところを引き出すときは，児童に感想でどんなことをねらっているのかを理解させ，以上の手立てをとっていく必要があります。

Q48 教材を範読したあと，あらすじをまとめ，基本発問をする授業はよいのでしょうか。

　基本的には望ましくありません。なぜなら，道徳科の教材は，基本的には，その学年よりも１学年下げて作成されているからです。すなわち，４年生の教材だと，３年生の読解力で読むことができるように作成されています。したがって，一読すれば，ほとんどの児童が理解できるはずです。それを，読み終わってからもう一度，まとめるというのは，余分な時間をかけることになったり，児童にとってはわかっていることをまた聞かされることになったりします。これは，児童にとって，道徳科の時間がつまらなくなったり，児童と教師との信頼関係が弱くなったりすることにもつながります。

　あらすじをまとめずに，範読だけですべての児童に教材の内容を十分に理解させるために，教材提示の工夫を行います。

　低学年では，場や条件を具体的でわかりやすくするために，教室の前や黒板をできる限りいっぱいに活用しながら，ペープサートを用いて，具体的なイメージをつかむことができるよう教材提示をします。教材提示の工夫が自分との関わりをもつことにつながっていきます。

　中・高学年では，教師が情感を込めた範読を行います。そのために，教師が事前に教材を何度も読むことが大切になります。何度も教材を読んで，状況や主人公の気持ちを想像し，間をあけて読む場面や，会話文の気持ちの込め方を工夫します。

　このように，あらすじを話さないことを基本に，教材の内容を十分に理解させるために，教材提示の工夫をして自分との関わりをもてるようにすることを大切にします。

　ただし，中学校の道徳科の教材では，長文すぎて１時間では扱えない教材もあります。この場合は，事前に教材を朝の会や帰りの会で読んでおいて，道徳科の授業では，あらすじを簡単に話し，ポイントとなる部分だけをもう一度読んで，基本発問につないでいくことが考えられます。

人間理解に関わる基本発問をしたとき，児童の反応をどのように板書して整理したらよいのでしょうか。

　道徳科の授業を参観すると，板書には，文字がいっぱい書かれていて，どんな児童の反応が表出されたのかがよくわからないことがあります。

　児童が授業を終えたあとに，板書を見て，どんな考えや気持ちが出たのかが一目でわかるような板書にする必要があります。

　そこで，まず，板書には，書きすぎないことを心がけます。しかし，何でも，短く書けばいいということでもありません。書きすぎないようにするために，児童の反応のどこを削って書いていくとよいのかを考えてみましょう。

　人間理解の基本発問では，本時のねらいに関わって，大切なことはわかっているけれど，自分にはなかなかできない気持ちがあるということを理解することがねらいになります。

　例えば，内容項目の＜B　親切，思いやり＞では，困って人を見ても，「ぼくも疲れている。」「恥ずかしい（知らない人だから，みんなが見ているから）」「誰かが助けるだろう」「そのうちに何とかなる」など，親切にしなくてはいけないということがわかっていても，なかなか親切にできない気持ちを整理して板書します。

　よく，この場面で，板書に「どうしよう」と書かれていることがあります。「どうしよう」というのは，この内容項目の意識ではありません。助けるか助けないかを迷っていて，＜B　親切，思いやり＞の意識ではないということです。したがって，児童が「どうしよう」という反応をしたときには，親切にしにくい気持ちを引き出す指導・援助が必要になります。例えば，「あなたは助けようか助けるのをやめようか，どうしようか迷っているんだね。でも，主人公は助けていませんね。助けないのはどんな気持ちがあるからなの？」と問いかけ，親切にしにくい気持ちを引き出して，板書で整理することが大切です。ここで，児童が答えることができないならば，整理された板書を示して，「こんなにいろいろな気持ちがあるけれど，あなたはどの気持ちが強いの？（板書を示しながら）これ？　これ？」というように，指導・援助していくことも必要です。

　このように，板書の整理の際には，内容項目のねらいに関わる人間理解の考えや気持ちを，キーワードを入れて，端的にまとめていくことが大切です。また，その考えや気持ちが表出されていない場合には，その考えや気持ちを引き出す指導・援助が必要です。

Q50 基本発問をして，人間理解の反応や多様な考え方や感じ方の反応が出てこないときは，どんな工夫をすればよいのでしょうか。

　授業研究会で，人間理解の反応があまり表出されなかったり，多様な考え方や感じ方が引き出せなかったりしたことが話題になることがあります。

　まず，人間理解の反応があまり表出されなかったときについて考えてみましょう。具体的な例を挙げます。

　低学年での＜Ａ　善悪の判断，自律，自由と責任＞の授業です。「主人公はしばらく考えていました。どんなことを考えていたのでしょう。」と問いかけます。児童からは，「危ないから言わないといけない。」「迷子になったら困るから言わないといけない。」などと価値理解に関わる反応が次々と出てきました。こんなとき，授業者はどうしたらよいでしょうか。主人公はしばらく考えていたのだから，例えば，「みなさんは相手のことを思って言わないといけないと言っていますね。でも，主人公はしばらく考えていましたね。どうして，すぐに言わなかったのでしょう。」と問いかけます。そうすると，「みんなも言わないから。」「言うのがこわい。」「ぼくのことではない。」などの人間理解の反応が出てきます。ここでは，「しばらく」「迷っていました。」というキーワードを捉えて，問いかけていくことが大切になります。

　次に，多様な考え方や感じ方が出ない場合について考えてみましょう。児童は，仲間と同じ反応を発表することで心が安定します。したがって，同じ反応が続くのは，自然と考えていいでしょう。しかし，学級経営や授業で，「仲間と違った反応をすることもとても大切である。」という教師の構えがあり，日頃からその指導が積み上がっていると，児童は多様な考え方や感じ方を表出してきます。仲間と違う反応によって学び合える学級の雰囲気を日頃からつくることが大切です。

　その上で，道徳科の授業の人間理解の発問に対する反応について考えます。まず，教材の内容の問題があります。人間理解の基本発問の場面で，主人公の気持ちが１つしか書かれていない教材があります。読み取りではないのですが，児童はこの反応に流されてしまって，多様な考え方や感じ方が出てこない場合があります。教材を選択するとき，主人公の気持ちが書かれていない教材を活用すると，日頃の児童の意識が出てきて，多様な考え方や感じ方を引き出すことができます。

　次に，教師の意図的指名も大切になります。道徳科の授業は日常の児童の行為や意識を捉えて，つまり児童理解をしてその考え方や感じ方に気づかせます。したがって，多様な考え方や感じ方の反応を出すためには，意図的指名を心がけなければなりません。

道徳的な考え方や感じ方を深め，広げるために，どんな具体的な補助発問があるのでしょうか。

　展開前段で，基本発問をもとに児童の反応を板書して，授業が進められます。しかしながら，教師の児童の反応への関わりが弱いために，自分との関わりで一人ひとりの考え方や感じ方に気づかせることができなかったり，考え方や感じ方を深めたり広げたりすることができないことがあります。そこで，どのようにしていったらよいのか。ここでは，その具体的な指導・援助の方法として，補助発問の作り方を紹介しましょう。

- 考え方や感じ方に偏りがあったとき，多様な感じ方や考え方に気づかせる。

「そんなにしたいのなら迷わないはずなのに，主人公が迷っているのはどんな気持ちがあるからだろうか。」

- 考え方や感じ方が表出されないとき，例示をする中で明確にさせる。

（板書を示しながら）「今の気持ちは，こういう気持ちなの？　それともこういう気持ちなの？」

- 考え方や感じ方を具体化して，気づかせる。

「今，話した気持ちについて，もう少し詳しく話してごらん？」

- 仲間の考え方や感じ方と比べて，自分の考え方や感じ方に気づかせる。

「今の気持ちは，○○さんの気持ちに近いの？　それとも，△△さんの気持ちに近いの？」

- 場や条件を示して，そのときの考えや気持ちに気づかせる。

「主人公は，今，こんな状況（具体化して）だよ。このときの主人公は，どんな気持ちだろうか。」

- 多様な考え方や感じ方の中から自分の考え方や感じ方に気づかせる。

（板書を示しながら）「いろいろな気持ちが出たけれど，自分はどんな気持ちが強いのか考えてごらん。」

　具体的な指導・援助の一部を紹介しましたが，学習指導案を立案するとき，各段階で予想される児童を描き，その姿に向かうための指導・援助となる具体的な補助発問を用意して，授業に臨むことが大切です。

Q52 人間理解の基本発問で，どのように多様な考え方や感じ方を引き出すのか，実践例を挙げて教えてください。

　低学年の教材「ぽんたとかんた」＜Ａ　善悪の判断，自律，自由と責任＞で考えてみましょう。

　まず，この教材の人間理解の場面までの概要です。主人公は，ぽんたです。ぽんたはかんたと大の仲よしです。2人は公園で遊ぶ約束をしました。先に公園に来ていたかんたは，裏山で秘密基地を見つけたと喜び，「2人で行こう。」とぽんたを誘います。ぽんたは「だめだよ。」と言うけれど，かんたはぽんたの言うことを聞かないで，さっさと裏山に入っていってしまいます。1人になったぽんたは，じっと考えます。ここでのぽんたの気持ちを考えることで，多様な考え方や感じ方に気づかせていきます。つまり，人間理解の基本発問の場面になります。

　「じっと考えているぽんたは，どんなことを考えているのでしょう。」と問いかけます。児童が「どうしよう。」と反応してきたとき，板書に「どうしよう。」と書いてはいけません。なぜなら，「どうしよう。」の内容を引き出して書かなければ，この内容項目の考え方や感じ方にならないからです。そこで，「どんなことを迷っているの。」と問いかけ，裏山に入る考えや気持ちと，裏山に入らない考えや気持ちを多様に引き出します。

　ここで，「裏山に入ってはいけない。」「危ないから。」という反応が続いたときには，「そんなに入らないという気持ちなら，すぐに連れもどしに行けばいいのに，どうして，じっと考えていたの？」と問い返します。そのとき，この内容項目で引き出す考え方や感じ方は，「楽しそうだから。」「かんたもいるから大丈夫。」「少しぐらいならいいだろう。」「2人だけだから見つからない。」などの気持ちや考えを引き出すことが大切になります。

　でも，このような多様な考え方や感じ方を引き出すには，教師の指導・援助が必要になります。例えば，「かんたもいるから大丈夫。」という反応を引き出すためには，日頃から自分の判断があまりできず，友達につられがちな児童を意図的に指名することが考えられます。「楽しそうだから。」という反応を引き出すためには，「秘密基地を見つけたんだね。秘密基地のことをどう思っているのかな。」と問いかけます。このように，日頃の児童の道徳性を生かしたり，教材の内容を示したりして，多様な考え方や感じ方を引き出していきます。

　いずれにせよ，人間理解の基本発問で，児童のめざす姿の反応を描き，その反応を引き出すための指導・援助を具体的にして授業に臨むことが大切です。

Q53 登場人物になりきって話す児童は、どのようにして育てたらよいのでしょうか。

　道徳科の授業で、主人公になりきって、「困ったなあ。秘密基地があるからと言われたので行きたいけれど、でも、入ってはいけないところなので、どうしよう。」と語る児童の姿があります。児童が登場人物になりきって話していると自分との関わりが見えます。こんな児童に育てるためにどんな取り組みをしたらよいのでしょうか。

　道徳科の授業だけでは、こんな児童を育てることは難しいです。全教育活動を通して、「なりきる児童」を育てていくことが大切です。

　例えば、朝の会での取り組みについて考えてみましょう。

　1年生では、教室で金魚を飼っていることがあります。その金魚を使ってなりきる練習をすることができます。水槽の中に金魚が何匹か泳いでいて、その中に1匹黒い金魚がいるとします。

　「みなさん、水槽の中に金魚がいっぱいいますね。その中に、黒い金魚がいます。黒い金魚はどんなことをお話ししているでしょう。」と児童に問いかけます。最初、児童は、何を話したらよいのかよくわからないので、教師が「（なりきって）お腹がすいたなあ。早くえさをくれないかなあ。」と例示します。そして、「金魚はほかにどんなことを話しているのでしょう。」と問いかけます。児童は、「こんな狭いところでいやだ。もっと広いところに移してほしいな。」「どうして、ぼくだけが黒いのかな。いやだなあ。」「たくさんの仲間がいっぱいいて楽しいなあ。」などの反応をしてきます。このような反応が出てこなければ、初めのうちは、例示をたくさんすることが必要になります。

　このように、朝の会や終わりの会の時間を少し使って、なりきって話すことに慣れていくことが大切です。

　そのほかにもどんな内容があるのか、少し例を挙げてみましょう。「ぞうきんかけのぞうきんが1枚下に落ちています。落ちているぞうきんは、どんなことを話しているのでしょう。」「書いているときに鉛筆の芯が折れてしまいました。芯の折れた鉛筆はどんなことをお話ししているでしょう。」「休み時間のあと、運動場にボールが1つ落ちています。このボールはどんなことをお話ししているでしょう。」など、日頃のできごとを捉えて、なりきって語る児童を育てていくことができます。なりきって語る児童を育て、道徳科の授業に生かすことができるよう、日々の取り組みを大切にしていかなければなりません。

Q54 人間理解の基本発問の場面で,「主人公は,こんな気持ちがあったんですね。」という教師の働きかけは,どのように考えたらよいのでしょうか。

　基本発問の場面で,多様な考え方や感じ方を板書で簡潔に整理したあと,「(板書を指し示しながら)主人公は,こんな気持ちがあったんですね。」と教師が児童の反応をまとめているのは,主人公の考えや気持ちがこのように多様にあったということをまとめていることになります。これは,明らかに読み取りになります。

　では,読み取りならないためには,どうしたらよいのでしょうか。

　ここでは,児童の反応をまとめることがねらいではなく,一人ひとりがどんな考え方や感じ方になっているかに気づくことがねらいになります。つまり,主人公の置かれているある特定の場面や状況で,自己理解をしていくことになります。

　それでは,その手立てを考えてみましょう。

　1つ目です。児童の考え方や感じ方が整理された板書を示しながら,「みなさんは,どの気持ちが強い(近い)ですか。挙手してください。2つある場合は,2つでもいいですよ。」というように,自分がどの考えや気持ちが強い(近い)かに気づかせるという手立てです。

　2つ目です。もう少し,児童に表現させていく手立てです。児童の考え方や感じ方が整理された板書を示しながら,「みなさんは,どの気持ちが強いか,発表してください。」と問いかけ,児童を指名します。望ましい答え方は,「はじめは,『正直に言うと叱られる』という気持ちだったけれど,〇〇さんの,『友達も言おうとしていないので』という気持ちを聞いて,今は,そんな気持ちもあるなあと思っています。」など,初めの考えや気持ちから多様な考え方や感じ方に出会って,今の考え方や感じ方を発言することです。自己理解→他者理解→確かな自己理解という「考え,議論する」児童の発言になっています。

　このように,多様な考え方や感じ方は,主人公の気持ちとしてまとめるのではなく,一人ひとりが主人公の置かれている場面や状況の中で,どんな考え方や感じ方になったのかに気づくことが大切になります。これが確かな自己理解なのです。

Q55 人間理解に関わる児童の発言をまとめるとき，読み取りのようなまとめ方になってしまうのですが，どのようにしてまとめたらよいのでしょうか。

　道徳科の授業では，人間理解に関わる考え方や感じ方を板書でまとめて，次の基本発問に移りますが，そのとき，読み取りのようなまとめ方になることがあります。どのようにすればよいのかを考えてみましょう。

　では，読み取りになるまとめ方とはどんなまとめ方なのでしょうか。ねらいに関わる考え方や感じ方を板書で整理したあと，次の基本発問をする前に，「主人公は，こんな気持ちだったんだね。」というまとめ方をすると，これは読み取りになります。主人公の気持ちをまとめていて，自分との関わりが見えてこないからです。では，どのようにしたらよいのでしょうか。

　まず，この考え方や感じ方をまとめる前に，「（板書で整理された考え方や感じ方を指し示しながら）あなたはこの中で，どの気持ちが強いの？」「〇〇さんの気持ちについて，あなたはどう思うの？」と自分との関わりをもたせる補助発問をする必要があります。そして，板書された考え方や感じ方の中で，自分はどの考え方や感じ方が強いのかに気づいていくという自己理解をすることが大切になります。つまり，他者理解をした上で，確かな自己理解をすることが必要なのです。

　そして，いよいよ次の基本発問に移ります。そのときの児童への問いかけは，「主人公もこんな気持ちだったんだね。」というまとめ方ではどうでしょうか。学級の児童は，自分の考え方や感じ方を理解しています。そして，「主人公も」の「も」に自分との関わりが表れているのではないでしょうか。「は」を「も」に変えるだけで自分との関わりが生まれてくることになります。

　また，（板書を示しながら）「主人公のこんな気持ち，わかる？」という問いかけもよくみます。これは，自分との関わりが見えますが，自分の考え方や感じ方への理解の見届けが弱くなります。したがって，自分はどの気持ちが強いのか（近いのか）に気づかせる必要があります。

　人間理解での板書を活用しながら，自分との関わり，次の基本発問へのつなぎなどをさらに工夫していくことが求められます。

Q56 基本発問で「主人公はこのときどんな気持ちだったでしょう。」と気持ちばかり聞いているのは,望ましくないのでしょうか。

　教材における基本発問のねらいは,価値理解と人間理解が中心となります。もちろん,ここでは,他者理解や自分との関わりも大切になります。そこで,中心となる価値理解も人間理解もどちらも「主人公は,このとき,どんな気持ちだったでしょうか。」と問いかけるのがいいのでしょうか。

　人間理解では,わかっていてもなかなかできない多様な考え方や感じ方に出会って,自分はどんな考え方や感じ方であるのかに気づいていきます。このときの基本発問は,「どんな気持ちだったでしょう。」「どんなことを思っていたのでしょう。」「どんなことを心の中で言っているのでしょう。」など,考え方や感じ方の多様性を求める問いかけをすることが適切です。

　しかし,価値理解（特に,価値の意義）では,価値を理解すること,価値観を高めることがねらいとなります。そのために,「どんな気持ちだったでしょう。」「どんなことを思っていたのでしょう。」と問いかけると,児童の反応が広がり,価値を意欲的に追求することは難しくなります。そこで,追求型の基本発問にすることが必要になります。具体的には,「主人公はあんなにも迷っていてなかなか言い出せなかったのに,どうして,急に自分から話すことができたのでしょう。」「しばらく考えていて,なかなか助けることができなかったのに,主人公はどうして助けたのでしょう。」というように,行為に移すことができた理由を聞くことが,意欲的に価値を追求し,価値を理解することにつながります。

　このように,人間理解と価値理解では,ねらいが異なり,基本発問の問いかけ方が異なります。何をねらうかによって,問いかけ方を変えることが,児童の意欲的な価値を追求する姿につながります。

価値理解と人間理解では,発問の仕方が違うのか。

なるほど。

Q57 人間理解をするときに，仲間とともに追求していくためには，どのように指導したらよいのでしょうか。

　人間理解をする段階では，様々な考え方や感じ方に気づき，仲間の考え方や感じ方と比べて自分はよく似ているのか，違っているのかを自覚することが大切です。そこで，仲間とともに価値を追求する指導を紹介します。

「バスの中で」（中学年）

T1　席を譲らないでじっとしている主人公は，今どんな気持ちでいるのだろう。
C1　知らないおばあさんだから，何か声をかけるのが恥ずかしい。
C2　そのうちに，もじもじしている女の人が替わるだろう。
C3　誰かが，降りて席が空くだろう。
T2　3人の気持ち（板書で示しながら）があるけれど，この3人の人の名前を入れ，仲間の気持ちと比べて，席を譲らない主人公の気持ちを話してごらん。
C4　ぼくは，C2さんのもじもじしている女の人が替わるだろうという気持ちが強くて，人に頼ってしまう。
C5　私は，C1さんの恥ずかしいという気持ちがよく似ていて，知らないからというよりも，周りの人が見ているからという気持ちがある。

　上記のように，基本発問をした後，3〜5人ほどの考え方や感じ方を板書で整理し，比べて話すように問いかけます。（C1〜C3を捉えてT2で）その結果，児童は板書で整理された考え方や感じ方と自分の考え方や感じ方はどのように違っているのか，また，どこがよく似ているのかを語っています。

　教師が一人ひとりの考え方や感じ方を聞き，板書に整理するという教師と児童の1対1の関わりの中で，多様な考え方や感じ方に気づかせる指導が多いようですが，児童が仲間と比べながら自ら多様な考え方や感じ方に気づき，自分はどの考え方や感じ方があるのかに気づく指導の工夫をしていくことが，自分との関わりになります。

　特に，C4からは，5分間ぐらいは，児童同士の指名によって進めてはどうでしょうか。その際，発問の意図がそれないように見届けたり，多様な考え方や感じ方に気づかせるために，意図的に指名をしたりします。教師の見届けの中で，児童が自ら考え方や感じ方を出し合う授業を進めていけるようにすることが，対話的な学びにつながり，深い学びとなります。

Q58 人間理解の基本発問でペア交流（役割演技）をするときの手順はどのようにしたらよいのでしょうか。

「まどガラスと魚」（中学年）＜Ａ　正直,誠実＞の教材で具体的に考えていきましょう。

ここでの人間理解の基本発問は，主人公がまどガラスを割ったあと，「ガラスをわったのはだれだ？」という貼り紙を見て，謝るか謝らないかで悩む場面になります。

＜学習活動＞	＜ねらい＞
主人公はまどガラスを見て，どんなことを思っているのだろう。（基本発問）	・謝るか，謝らないかの気持ちを引き出す。
児童の反応を引き出す。（謝る，謝らないときの気持ち）	・自己理解をする。（どんな気持ちが強いか。）
教師と児童で謝る，謝らないの立場でそのときの考え方や感じ方を交流する。	・ペア交流の活動の仕方を理解する。
隣同士で謝る，謝らないの立場で交流する。役割を交替する。	・多様な考え方や感じ方を理解する。
全体の場で，２，３組がペア交流をし，それを見る。	・さらに，多様な考え方や感じ方を理解する。
これまでのペア交流から，確かな自己理解をする。自己理解→他者理解→確かな自己理解の内容を話す。	・最初の気持ちから，どんな気持ちに出会って，今はどんな気持ちになっているか確かな自己理解をする。

＜謝る・謝らないの多様な考えや気持ち＞
謝る………相手に申し訳ない。いつまでもいやな気持ちでいたくない。
　　　　　いけないことをしたときは謝る。謝らないと叱られる。
謝らない…誰も見ていないからわからない。友達も謝ろうとしない。叱られるといや。
　　　　　黙っていればわからない。　など

最後の反応例を挙げると，次のようになります。

「最初は，友達も謝ろうとしていないから謝らないという気持ちだったけれど，叱られるのがこわいという強い気持ちを聞いて，その気持ちも確かにあると思い，友達も謝らないからと叱られるのがこわいという２つの気持ちになりました。」

自己理解→他者理解→確かな自己理解という「考え，議論する道徳」の１つの方法になります。

Q59 児童の意識の連続を図るために，基本発問と基本発問のつなぎが切れてしまわないようにするためには，どのようなことに留意したらよいのでしょうか。

　道徳科の授業では，基本発問をして児童の反応を引き出し，それを整理して次の基本発問につなげます。その際，教師が児童の反応を整理して，「その次に」「次の場面では」など，児童の意識をつなげないで基本発問をしていくのではなく，児童の意識を整理しながら，「いろいろな気持ちがあって迷ってしばらく考えていたけれど，でも，飛び立っていったね。どんな気持ちで飛んでいったのでしょう。」と，迷っている気持ちから次の行為に踏みきった気持ちを尋ねると，児童の意識の連続を図り，価値への追求意欲を高めていくことになります。

　また，自己を見つめる段階で，「主人公のように，みなさんも同じようなことはありませんか。」という発問では，主人公の何と同じなのかを児童は捉えていないことがあります。ここでの発問には，必ず価値に関わる内容を入れることが大切になります。具体的には，「主人公のようにみなさんも親切にしたり，親切にしようと思ったけれどできなかったりしたことはありませんか。」と問いかけるような工夫が必要になります。

　さらに，基本発問は具体的にどんな問いかけをするのか事前に明確にして授業に臨むことが大切です。基本発問が曖昧だと，次から次へと問いかけていく内容が微妙に変わってきます。児童はその基本発問を素直に受け止めるので，聞かれている内容が変わっていることに気づき，何を話したらよいのか不安になり，挙手がだんだん少なくなったり，発言内容にも自信がなくなって，声も小さくなったりしていきます。一度，基本発問をしたらじっくり考える時間を取り，児童に語りきらせる構えで授業に向かう姿勢を大切にしたいです。そして，その発言内容をじっくり聞いて，整理の仕方やつなぎ方を工夫し，基本発問と基本発問をつなげることで，児童の意識が連続・発展する授業になっていきます。

> 次の場面はだめで，児童の意識をつなぐのか！

Q60 教材の主人公の気持ちを追求しているとき,「自分ならどんな気持ちですか。」と問いかける授業を見ますが,どう考えたらよいのでしょうか。

　道徳科の授業では,自分の考え方や感じ方に気づかせていくことがねらいになります。つまり,自己理解をしていくことです。教材では,自分との関わりをもって,自己理解をします。そこで,主人公の気持ちを問いかけ,さらに,自分との関わりをもつための指導として「自分ならどんな気持ちですか。」と問いかける授業をときどき見かけます。しかし,教材を中心教材として扱い,主人公の気持ちを聞くことは,自分の気持ちを主人公の気持ちに託して語っているということなので,「自分ならどんな気持ちですか。」という問いかけは,同じことを聞くことになり,児童はなかなか答えることができないのではないかと思います。この発問をして,児童がきょとんとしている場面を何度も見ました。「今,自分の気持ちを話したのに,また,同じことを聞かれたので,どんなことを話したらよいのか,わからない。」という気持ちなのではないでしょうか。児童は,自分の気持ちをストレートに仲間の前で表していくのは,なかなか難しいので,主人公を通して自分の気持ちを語っていくという共感的な扱いの手法を道徳科では取り入れているのです。

　また,児童が主人公を通して,自分の考え方や感じ方を語っていることを少しずつ,自覚させていく指導・援助も大切になります。例えば,板書で,ねらいに関わる児童の考え方や感じ方を整理したあと,その考え方や感じ方を指し示しながら,「あなたは,こんな気持ちがあるんだね。」と児童の反応を押さえていくことも,自分の考え方や感じ方に気づくことにつながります。

　さらに,自分の考え方や感じ方であることに気づかせるために,仲間の発言を捉えて,板書の児童の考え方や感じ方を指し示しながら,「〇〇さんは,こんな気持ちがあると言っているけれど,この気持ちについてあなたはどう思いますか。」と問いかけます。児童は,「私は,〇〇の気持ちはあまりなくて,〇〇の気持ちが強いです。」というように,仲間の発言を捉えて,自分の考え方や感じ方に気づいていくことになります。他者理解をして,確かな自己理解をしているということになります。

『自分なら』と『主人公の気持ち』は同じなんだ。

Q61 「どうして」という発問はよくないと聞いたことがありますが,どのように考えたらよいのでしょうか。

　道徳科では,基本発問をはじめ,補助発問には様々な問いかけが考えられます。「どんな気持ちですか。」「どんなことを思っているのでしょう。」「心の中でどんなことを考えているのでしょう。」などが挙げられますが,その1つに,「どうして」という発問も考えられます。「どうして」という発問がよくないと言われたとき,その発問した場面を思い浮かべてみましょう。きっと,その発問をしたとき,予想される児童の反応と異なった反応になったのではないでしょうか。

　例えば,基本発問で,人間理解に関わる多様な考え方や感じ方を引き出すときに,「どうして」という問いかけをすると,児童の反応は多様にはなかなか表出されません。また,児童が意欲的に追求することにもつながりません。児童から多様な考え方や感じ方を引き出すためには,「どうして」という問いかけは,よくない発問といえます。「どうして」という問いかけは,児童の考え方や感じ方を収束してしまうからです。したがって,多様な考え方や感じ方を引き出すときは,「どんなことを思っていたのかな。」「どんな気持ちでいたのだろう。」「心の中ではどんなことを考えていたのかな。」などの基本発問がよいことになります。こうした問いかけは,児童の考え方や感じ方を素直に多様に表出することにつながり,他者理解が深まっていきます。

　次に,価値を理解していく段階での発問について考えてみましょう。教材における基本発問では,「主人公は,このとき,どんな気持ちだったでしょう。」と問いかけることが多いようです。この問いかけは,一人ひとりがまず,自分の考え方や感じ方を自ら表出することにつながります。しかし,ねらいに関わる価値を理解するためには,価値に迫っていくよう考え方や感じ方を収束していかなければなりません。そこで,例えば,「こんなに,傷だらけのはさみになっているのに,かにさんは,どうして掘り進んでいったのでしょう。」「あんなに言うことができなかった主人公が,自分からお母さんに話したのは,どうしてでしょう。」と価値理解に迫っていく発問が必要になります。この場面では,「どうして」という発問が有効だといえます。

　このように,発問で何をねらうかによって,いろいろな問いかけを工夫する必要があります。この工夫をすることで,児童が意欲的に価値を追求していくことにつながります。「どうして」という発問については,児童がより高い価値観を見つけ出すとき,活用することが効果的といえます。

Q62 小規模の学校では、多様な考え方や感じ方に気づかせるために、どのようにしたらよいのでしょうか。

　小規模校では、1学年が10人以下というところもあります。学級の人数が少ないために、道徳科の授業をしても、同じ考え方や感じ方が繰り返し発表されることがあり、多様な感じ方や考え方に気づかせることは、なかなか難しいのが現状です。そこで、次のような指導の工夫を紹介します。

1　多様な考え方や感じ方の紹介

　基本発問をして、児童の考え方や感じ方を引き出すとき、学級の人数が少ないため、考え方や感じ方に広がりや深まりが見られないことがあります。そこで、指導・援助が必要になります。教師が、以前担任した児童の考え方や感じ方、教師自身の考え方や感じ方を紹介することも1つの指導・援助になります。「親切にできないのは、恥ずかしいからという気持ちが多いようですが、前の学年の人は、ここでは、みんなの気持ちと違って、たくさんの人がいたから、誰かがやるだろうという気持ちを話していましたよ。」「先生なら、ここでは、恥ずかしいではなく、おばあさんを見ているとどうも大丈夫そうだから助けなくてもなんとかなるのでは、という気持ちになるんだけどなあ。」というように、多様な考え方や感じ方を紹介して、他者理解を深めていくことが大切です。

2　学年部で道徳科の授業

　文部省や文部科学省の教材は、低・中・高学年の教材として紹介されています。こうしたことを考えると、教材によっては、学年部で扱ってもよいことになります。多様な考え方や感じ方に気づかせるために、学年部で合同授業を行ってみるということも考えられます。小規模校なので、日頃、異年齢集団で活動を進めることが多く、仲間との関わりも深まっていると考えられるので、その仲間関係を生かし、道徳科の授業で考え方や感じ方を深めていくことにもチャレンジしてみてはどうでしょうか。ただし、学校全体としての構えをもって年間指導計画に組み込み、道徳科の特質である計画的、発展的に道徳科の授業を行うことが大切になります。思いつきでやってみるのは避けなければなりません。

Q63 板書は大切といわれますが，どんなことに留意して板書構成をしたらよいのでしょうか。

　板書は，授業の途中で，児童が書かれていることを活用して話し合ったり，授業が終わったとき，児童が今日はこんな学習をしたのかと，学習の足跡をふり返ったりできるようにすることが大切です。

　それでは，板書するときに気をつけることを考えてみましょう。

　1つ目です。基本発問と児童の反応をわかりやすく書くことです。基本発問は人間理解，価値理解，自己を見つめる内容になります。それぞれの基本発問に対する児童の反応（ねらいに関わる考え方や感じ方）を簡潔に書いていきます。だらだらとたくさん書くと，どんなことを学習したのかわからなくなります。また，簡潔に書いてあると，それを活用して，児童が仲間と比べながら，つまり，他者理解をしながら学習を進めることができます。

　2つ目です。1枚絵の活用です。中心場面となる絵を黒板に貼ると，どの場面が話し合いの話題になっているかがよくわかります。絵を何枚も貼ると，中心場面がよくわからなくなったり，話のあらすじを追って授業を進めていく読み取りの授業になったりする危険性があります。何枚も黒板に貼ることは避けなければなりません。

　3つ目です。本時の価値のまとめは児童の反応を生かしながらすることです。教材を通して，価値理解をしていくので，決して，教師から今日の授業で大切なことを話して，まとめるという押しつけ道徳にならないようにすることが大切です。また，価値のまとめの際には，発達の段階を踏まえたねらいがあるので，そのねらいからまとめていくことが当然必要になります。

　4つ目です。色チョークの効果的な活用です。価値のまとめを黄色で書いたり，それを赤枠で囲んだりするなど，大切なところは色チョークを活用すると児童にわかりやすくなります。ただし，色チョークを使いすぎるとごちゃごちゃして，かえって見にくくなり，何が大切なのかがわからなくなります。

　5つ目です。書く順番です。板書は，右から左に書いていくのが基本ですが，主人公と相手との関係を考えると，板書の中央にその関係を示しながら板書するという工夫も考えられます。

　以上のようなことを踏まえて，次のQ64で，具体的な板書を考えてみます。

Q64 Q63の板書するときのポイントをもとに，具体的な板書例を教えてください。

板書するときのポイントをもとに，具体的な板書例を考えてみましょう。教材「バスの中で」（中学年）＜B　親切，思いやり＞の板書例を示します。

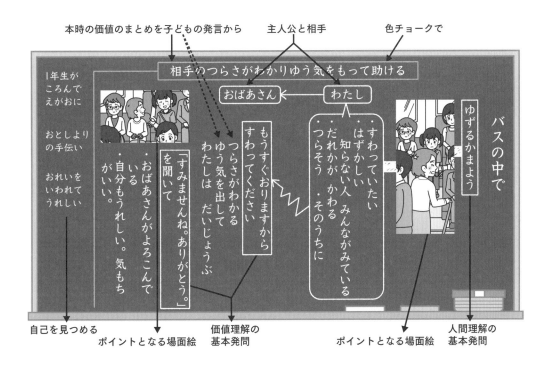

Q65 本時のねらいについて黄色のチョーク等でまとめているのは、どんな意図があるのでしょうか。

　板書は、授業の足跡が見えなければなりません。したがって、本時のねらいに関わってどんなことが大切なのかが書かれていると、1時間の授業での学習の内容がよくわかることになります。

　では、どんな内容をどのように書くとよいのかを考えてみましょう。

　まず、どんな内容を書くかについてです。本時のねらいがあります。例えば、「親切にするよさに気づき」というねらいがあるならば、「親切にすると相手も自分も気持ちがいい。」というような内容になります。発達の段階を踏まえた内容項目のねらいから、児童にわかる言葉で書くことが大切です。

　また、押しつけ道徳になってはいけないので、教師が児童の反応を取り上げないで一方的に、「今日の授業は〇〇ことが大切です。」と話し、板書するのはやってはいけないことです。では、どうしたらよいのでしょうか。価値理解の基本発問や価値理解に向かう補助発問（価値観を深める発問）をする中で、価値に向かっている児童の反応を見届けて、それを生かし、その言葉を板書することが大切になります。「今日の授業で大切なことはなんですか。」と問いかけると、児童が授業をする前からわかっていることだったり、本時でねらっていることからずれたりすることがあります。価値に向かうときの児童の反応を大切にして、板書にまとめていくことを心がけていきたいです。

　次に、どのように書くかです。

　本時のねらいに関わる内容をまとめた言葉は、自己を見つめるときに活用できます。よくわかるように色チョークを使うとよいでしょう。自己を見つめるときの指導・援助として活用することができます。例えば、（価値に関わる言葉をまとめた内容を指し示しながら）「親切にすると自分も相手も気持ちがいいということを勉強しましたね。みなさんは、親切にすると自分も相手も気持ちがいいと思ったことはありますか。どんなことがあるか発表してください。」というように、教材で把握した価値から自己を見つめていくときの指導・援助にもなります。

Q66 板書を構成するとき，場面絵を効果的に扱うには，どのようにしたらよいのでしょうか。

　授業が終わったときの板書を見ると，教材のある場面が画用紙に描かれ，1枚もしくは2枚，黒板に貼られています。教材の場面絵を授業の板書に効果的に活用するには，どのような場面を，どのような方法で活用したらよいかを考えてみましょう。

1　どのような場面を

　教科書の教材には，内容が理解しやすいように，また，ねらいに迫っていくときに追求しやすいようにするために，効果的な絵が掲載されています。ぜひ，授業でこの絵を活用しましょう。特に，この絵は，ねらいとする価値に関わって人間理解に関わる多様な考え方や感じ方を引き出す場面，価値を理解していく場面，価値のよさを感得する場面など，価値を追求していくときに深く関わっている場面が多いです。この価値を追求していく場面から，必要な場面を選び，黒板に貼ることで，児童の考え方や感じ方やその流れをわかりやすくすることができ，ねらいに迫っていくための指導・援助の1つになります。

2　どのような方法で

　場面絵は，価値を追求していく場面と密接な関わりがあります。したがって，基本発問とも深い関わりがあり，1枚絵を活用して，そのときの考えや気持ちを引き出すのが有効です。

　例えば，場面絵に描かれた主人公の口から吹き出しを黒板に描きながら，「このときの主人公は，どんなことを思っているのでしょう。」と発問するのも，共感しやすくするための指導・援助です。また，場面絵の主人公の表情を捉えて，「主人公は，こんな顔になっているけれど，今，どんな気持ちになっているのでしょう。」と視覚に訴えて考えや気持ちを引き出していくのも指導・援助の1つです。さらに，「主人公は，初めは，こんな顔だったけれど，今は，どんな顔になっているのかな。みんな，やってごらん。」というように主人公の考えや気持ちの変容を感じ取らせるための指導・援助にもなります。

　場面絵は，小学校ではよく活用されます，中学校でも，ぜひ，生徒の考え方や感じ方を引き出す指導・援助として，活用していきたいものです。

　場面絵で留意したいことは，道徳科では，1枚絵という用語も使われるように，黒板を場面絵だらけにするのではなく，人間理解や価値理解に関わる場面絵を活用して，すっきりした構造的な板書をめざすことが大切です。

板書するときの短冊や色チョークの使い方について教えてください。

　道徳科の授業が終わって板書を見ると，短冊（色画用紙を活用しやすい大きさに切り，マジック等で発問などを書いたもの）や色チョークが使用されています。見ていると，目がチカチカすることもあります。

　そこで，児童にとって効果的な短冊や色チョークの使い方について考えてみましょう。

　まず，短冊について考えます。教材に正対したときの考え方や感じ方を引き出して学習を展開していくときに，すでに基本発問が書かれた短冊を準備して授業をする教師がときどきいます。児童の教材の感想が基本発問とずれていても事前に準備された短冊が出てきます。授業への準備として考えられますが，感想を生かす意味がなくなってしまいます。短冊を使用するならば，短冊を準備して，その場で児童から表出された感想をマジックで書いて黒板に貼るということをしなければ，児童を大切にした授業とはいいにくいのではないでしょうか。

　一方で，教材でねらいに迫るためのキーワードを書いた短冊，主人公の言動を強調するために主人公の言葉を書いた短冊などを，児童に教材のポイントを意識づけるために使用することは効果があります。しかし，短冊を黒板にベタベタとたくさん貼りすぎると目への刺激が多すぎることになります。児童の発言をしっかり受け止めて，ていねいに心を込めて黒板に整理して書いていくことが大切です。「先生は，ぼくの発言を黒板にていねいに書いてくれた。うれしいなあ。また，これからも，進んで手を挙げて自分の考えを発表しよう。」という気持ちになることでしょう。

　次に，色チョークの使用について考えます。ときどき，色チョークがたくさん使われている板書を見ます。色チョークの使い分けのルールがあまりわからず，場当たり的に使用している感じがします。色チョークが多いと目がチカチカして児童が学習に集中できなくなります。私の実践では，色チョークの使い方として，本時のねらいに関わる，児童から引き出された価値のまとめを，黄色のチョークで書き，それを赤で囲みます。また，基本発問の場面を黒板に書くときは，その場面の言葉を青チョークで囲みます。この程度の色チョークの使用です。色チョークの使用にあたっては，どの内容にどの色を使用するのかを明確にすることが大切です。

Q68 児童の発言を聞いて板書をしますが，板書をするときのタイミングは，いつがよいのでしょうか。

　授業を参観していると，児童の発言を児童の目を見ないでメモをして，しばらくして板書したり，児童の発言を聞きながら板書したりする教師の姿に出会います。

　教師は，児童の発言を児童の目を見て，うなずきながら聞くことを大切にしなければなりません。この取り組みは，児童が安心して自分の考え方や感じ方を発言することにつながります。こうしたことを踏まえ，「1人の発言を聞いて板書する。」と「何人か聞いて，あとでまとめて板書する。」という2つのタイプの板書の仕方が考えられます。では，それぞれの板書の仕方について考えてみましょう。

　前者のタイプのよさは，児童の名前が書かれたネームプレートを活用して板書をすると，それが仲間と比べて発言するための指導・援助になることです。児童は板書を見ながら，「Aさんは○○と言ったけれど，ぼくは，少し違って○○の気持ちが強いです。」という発言をすることができます。また，教師が児童の発言を何人か聞いて整理して板書するとき，発言を聞いているうちに整理しきれなくなることもときどき出てきます。前者のタイプだと，これまで板書に書いてきた内容を確かめながら，児童の発言を比べたり，確かめたりしてそれぞれの発言を関係づけることができます。時間の流れの中で，一人ひとりの考え方や感じ方を確かにすることができます。

　後者のタイプのよさは，「発問－発言－板書」というやや切れがちなリズムではなく，「発問－発言－発言－発言－まとめて板書」というように，話し合っていく上で，リズムがよくなることです。また，児童同士が仲間の発言をよく聞いていないといけない必然が出て，話し合いをしていく上で必要な力を育てることにつながります。

　それぞれのよさを考えてみましたが，児童が仲間の発言をよく聞いて，比べて発言できる姿に高まっているならば，ぜひ，後者のタイプを活用してください。しかし，仲間の発言を何人も聞き取ることができないという児童の実態であるならば，前者のタイプを活用します。

　児童の「聞く力」の実態に応じて，両者のタイプを使い分けながら活用してください。

児童の発言をすべて聞いて，要点だけを整理して板書するためには，どんな手立てがあるのでしょうか。

　道徳科の授業で，基本発問に関わって児童の考え方や感じ方を整理しないでだらだらと板書している場面を見かけます。児童が精一杯発言しているので，一人ひとりの意見を大切にしようと，次から次へと板書をしている姿です。しかし，板書はあとでふり返ってみて，児童の考え方や感じ方が一目でわかることが大切です。

　質問にあった授業は，児童の考え方や感じ方がわかりやすく整理され，あとで児童が板書を見ても，自分や仲間がどんな考え方や感じ方をしたかがよくわかる板書だったことでしょう。これこそが，一人ひとりを大切にした，すっきりとした板書であるといえます。

　それでは，そんな板書をする授業者の秘密をさぐってみましょう。

　まず，事前に，基本発問に関わってどんな考え方や感じ方が引き出せるのか予想します。このとき，わかりやすく板書するための文言を具体的にもちます。

　そして，授業では，児童が発言をしているとき，それが自分の予想している文言のどれにあたるのかを判断し，確認します。その際，児童の発言が予想していた文言と違うこともあります。その場合は，発言内容が予想した内容と似ているならば，児童の発言した文言に代えます。また，児童の反応がある程度引き出すことができると，まだ，どんな考え方や感じ方が引き出せていないかに気づくことができ，事前に捉えた道徳性をもとに意図的指名を行い，考え方や感じ方を引き出すことができます。ときには，まったく自分の予想しなかった考え方や感じ方も出てくることもあるでしょう。そのときは，児童の考え方や感じ方のすばらしさに気づくことでしょう。そして，笑顔で，それを板書することになります。

　児童の発言を聞く中で，このような営みが教師の頭の中で行われ，最後に整理された板書になって表れてくるのです。一言で言えば，基本発問に関わる児童の反応を具体化して授業に臨むことです。この構えをもって，週1回の道徳科の授業を継続すると，予想していた反応と実際の児童の反応を比べて，判断・整理する力がつき，わかりやすい文言で板書することができるようになってきます。

　当たり前のことですが，毎時間の道徳科の授業に向けた事前の取り組みが，教師の力量となって表れてくるのです。

道徳科の特質の1つである価値理解を，どのように捉えたらよいのでしょうか。

　価値理解は，道徳科の特質である4つの理解（価値理解，人間理解，他者理解，自己理解（自己を見つめる））の1つです。

　さて，価値理解について考えてみましょう。道徳科では，価値理解をしなければ，ねらいに迫っていくことはできません。では，価値理解とはどんな内容でしょうか。

　価値理解には2つの内容があります。

　1つ目は，価値についての意義です。その価値を構成する大切な内容は何かを捉えることです。例えば，＜B　親切，思いやり＞の内容項目では，「相手への深い理解がいること」「行為を踏み出す勇気がいること」「自分も少し犠牲にならなければいけないこと」という3つの内容を捉えることが大切になります。このように，内容項目に関わる価値について何を捉えたらよいのかをまず，道徳科の授業を行う前に明確にする必要があります。そして，道徳科の授業でその価値を捉えさせるために，教材のどの場面でどんな基本発問をしたらよいのか，どんな指導方法を工夫し，具体的にどんな指導・援助をしたらよいのかを明らかにすることで価値理解に迫っていくことになります。

　2つ目は，内容項目に関わるよさを感得することです。

　先ほど例に挙げた＜B　親切，思いやり＞では，「親切にすると相手が喜ぶ」「親切にすると自分も気持ちがよい」というような，親切にすることのよさに気づかせることが大切になります。

　道徳科の授業では，このような価値についての意義や内容項目に関わるよさを捉えさせるための基本発問や指導・援助が要求されます。これが，ねらいに迫っていくときの深い学びになり，「考え，議論する道徳」を実践する上で大切な学びになります。

　特に，道徳科の授業を参観していると，価値についての意義や内容項目に関わるよさを捉えさせることに弱さを感じます。内容項目の分析にこだわり，その分析された内容を授業でどのように捉えさせるかについての研究を深めていくことが期待されます。児童が，今もっている価値観を授業でどのように高めていくのかを研究し続けることが大切です。

価値理解をするために、他者理解をどのように生かしたらよいのでしょうか。

　道徳科の授業では、教師が価値理解の基本発問をして、児童が考え方や感じ方を表出し、それが板書されます。教師と児童のやりとりの中で、価値理解に向かう学習活動が進められています。しかし、確かな価値理解がなされているかというと、十分な価値理解になっていないことが多いようです。

　「深い学び」にしていくためには、考え方や感じ方の違いを捉えて、その違いについて話し合うことが大切になります。

　価値理解の場面で、価値に迫っている発言と、価値にやや迫っていない発言を捉えて、「〇〇さんの発言と△△さんの発言は少し違いますが、みなさんは、ここでは、どちらの気持ちが強いですか。」と問いかけることで、児童は自分との関わりをもち、主体的に考えようとします。また、仲間の発言も聞こうという姿勢になり、自分の考え方や感じ方と、仲間の考え方や感じ方を比べながら追求しようとします。

　価値理解の基本発問で、価値に迫っていない発言をすると、教師がすぐに問い返すことがあります。教師が発言力のある子に問い返しをして価値理解に迫っていくと、それを見ている周りの子どもたちは、「自分があのように問い返されたらどうしよう。」と不安になってきます。発言への意識が低くなっていきます。また、価値理解に迫るように誘導する授業があります。これは、教師主導の授業になります。押しつけ道徳ということです。

　そこで、価値に迫っていない発言をどう捉えて生かしていくかが問題になります。この場合、教師がこの発言を生かせるチャンスと捉えることが大切になります。「この発言は困ったなあ。」という意識に立つのではなく、「議論するよい機会である」と捉える構えをもつことが、他者理解を生かす授業になっていきます。

　道徳科に、答えはありません。したがって、どんな考え方や感じ方も受け入れられます。そして、その考え方や感じ方の違いを比べながら、つまり、他者理解をしながら、仲間とともに価値理解をする道徳科の授業を展開することが大切です。

Q72 価値理解を深める具体的な補助発問について教えてください。

　道徳科のねらいに迫るためには，教材での価値理解が大切になります。基本発問だけで，児童が価値理解をすることは簡単ではありません。

　そこで，価値理解をしていくための指導・援助となる補助発問，特に価値観を深めるための補助発問について具体的にいくつか考えてみましょう。

　1つ目です。教材には，価値観を深めるためのキーワードがあるので，それを見つけることが大切です。そして，そのキーワードを問いかけることで価値観を深めます。具体的には，「主人公は，どうして大きな声で『どうぞ。』と言ったのでしょう。」「あんなにも謝るか謝らないか迷っていたのに，どうして自分から謝ったのでしょう。」などのように，「大きな声」「自分から」というキーワードを使い，主人公がなぜ行為に表したのかを深く考えさせるようにします。

　2つ目です。児童が基本発問で表出した異なる考え方や感じ方を捉えて，話し合わせ，考え方や感じ方を深めていくという指導・援助です。具体的には，「主人公の気持ちでは，おばあさんに対して『ありがとう。』という気持ちと『ごめんなさい。』という気持ちが今，出ていますね。主人公はどちらの気持ちが強かったのでしょう。話し合ってみてください。」と言って，もう一度児童に話し合わせ，議論させることで，考え方や感じ方を深めます。

　3つ目です。児童の発言を捉えて，もう一度その考え方や感じ方を深めていくという，問い返しの指導・援助です。その際，問い返すのは発言した児童ではなく，学級全体に問い返すことが大切です。どの児童にも自分との関わりが生まれるとともに，考え方や感じ方を深めることにつながります。「『このままにしておくと，いつまで経っても，つらくて苦しい生活になるから，どうしても言わないといけない。』という考えについて，みなさんはどう思いますか。」というように，発言した児童の考え方や感じ方を捉えて，学級の他の仲間に問いかけ，深めていきます。

　そのほかにも深める指導・援助はいくつもあります。考え方や感じ方を深めるための指導・援助を具体化して，道徳科のねらいに迫ることを大切にしなければなりません。

Q73 道徳的な考え方や感じ方を深め，ねらいとする価値を理解するための，具体的な補助発問を教えてください。

　展開前段で，一人ひとりに道徳的な考え方や感じ方を，自分との関わりで多様に気づかせることができたのに，価値を理解していく段階で，補助発問が有効に機能しなかったために，価値理解が不十分であったという意見を授業研究会でよく聞きます。今，授業研究会では，価値理解に関わる補助発問がいちばん研究されているのではないかと思います。

　ここでは，価値理解に向かう補助発問の具体例を紹介します。

- 発言内容をそのまま問いかけ，深める。

「困っていても助けないのが友達と言っているけれど，友達が困っていても，それでもいいのかな？」

- 発言内容を具体化し，深める。

「困っていても助けないといっているけれど，もう少しどういうことなのか，詳しくお話ししてください。」

- 教材の中のキーワードや場や条件をもとにして問い返す。

「主人公は，大きな声で言っているけれど，どんな気持ちで大きな声で言っているのだろうか。」

- ねらいとする価値から問いかけ，深める。

「精一杯生きると言っているけれど，どういうことなのか，お話しして。」「自由に〇〇したいということはいけないことなの？」

- 発言内容の違いを捉えて児童同士で価値を追求できるようにする。

「〇〇さんは，『ごめんなさい。』と言っているけれど，△△さんは，『ありがとう。』と言っていますね。2人の気持ちが違うようだけれど，みなさんは，どちらの気持ちが強いのか話し合ってごらん。」

　このように，ねらいとする価値を理解するために，教材分析からどの言葉にこだわるのか，また，児童の発言のどの言葉にこだわるのかを事前に明らかにして，授業では，必ず問いかけることが必要です。

Q74 教材で価値を追求するとき，主人公の考えや気持ちだけを追求することについて，どう考えたらよいのでしょうか。

　展開前段で教材を活用し，主人公の考えや気持ちを追求しながら価値を理解する授業をよく見ます。主人公の考えや気持ちを追求することで，価値に関わる考え方や感じ方がどのように高まったのかが明らかになります。児童が価値を理解する上で，このことはとても大切です。

　しかしながら，いつも主人公の考えや気持ちだけを追求していくのでは問題が出てくることがあります。例えば，道徳科の内容の中のBの視点「主として人との関わりに関すること」やCの視点「主として集団や社会との関わりに関すること」では，ほかの人や集団の一員の考えや気持ちを捉えないことには，価値を理解することや，実践への意欲の高まりにつながりません。主人公の考えや気持ちを追求しているとき，相手の考えや気持ちを捉えて追求する場合はよいのですが，そうでない場合は，考えや気持ちの深まりが出てきません。

　例えば，中学年の「バスの中で」＜B　親切，思いやり＞で，主人公の「わたし」の気持ちを追求していくとき，おばあさんの状況を考えると次のようになります。

> ・おばあさんは，若い人に押され，苦しそうにしている。
> ・バスは満員である。
> ・おばあさんは，バスが揺れるたびによろよろして席につかまっている。

　このような状況を捉えて，おばあさんの気持ちを想像することが，親切にしようとする実践への意欲の高まりにつながります。

　しかしながら，授業の児童の反応の中で，おばあさんの気持ちの捉えが十分でないときには，「よろよろしているおばあさんは，どんな気持ちになっているのだろう。」と問いかけて，おばあさんのつらい気持ちを捉えさせる必要があります。また，主人公の「わたし」が席を譲ったときのおばあさんの気持ちを捉える中で，親切にすることのよさを感得することが，ねらいに迫っていくことになります。

　このように，主人公の考えや気持ちを追求することを基本にしながら，相手の状況を捉えて考えや気持ちを問いかける指導・援助をすることが，児童の考え方や感じ方を深めることにつながります。

Q75 道徳科のねらいにある「自己を見つめる」とは、どのように捉えたらよいのでしょうか。

　「自己を見つめる」は、道徳科の目標の1つで、道徳科の特質の道徳的諸価値の理解の1つでもあります。「自己を見つめる」とは、これまでの自己を見つめ、これからの生き方に生かしていくことです。これまでの自己を見つめないで、これからどうしていくのかということをねらっているのでは決してありません。

　特に、これからどうしていくのかという教師からの発問は、望ましい行為を求めることになり、道徳科の特質ではないということになります。これからどうしていくのかを問うと、児童の発言はほとんど同じになっていきます。道徳科は、内面的資質を育成しなければなりません。

　それでは、このことを踏まえて、自己を見つめる意義や自己を見つめる際に留意することについて考えてみましょう。

　1つ目です。なぜ、自己を見つめることが大切なのでしょうか。教材では、ある特定の場面や状況での価値の捉えであり、そこでの自分との関わりでしかありません。そこからさらに、日常生活や今後出会うであろう様々な場面や状況にまで、価値の適用の場を広げていく必要があります。したがって、教材から離れて様々な場面や状況の中で、自分はどうであったのかを見つめなければなりません。

　2つ目です。自己を見つめるといっても、発達の段階によって、当然、内容が異なります。したがって、発達の段階によって、どのように自己を見つめればよいのか、めざす児童の姿を明確にすることが大切です。最終的に、道徳科のねらいは、自己を見つめ、課題を培うことなので、学年が上がるにつれて、自己の課題を見つめていく、つまり、これまでの自己を見つめるときに、できなかったことをもとに何が課題であるのか明確にしていくことが大切になります。

　価値適用の場を広げること、発達の段階に合わせてめざす児童の姿をもつことが自己を見つめるための必要条件となります。

Q76 「自己を見つめる」ときにめざす児童生徒の姿は，発達の段階を踏まえると，どのように考えたらよいのでしょうか。

　小学校の1～6年生，中学校と9年間をかけて児童生徒はずいぶん成長します。

　小学1年生の入学時では，「今日は，朝，何を食べてきたの？」と聞いても答えられない児童もいます。そんな児童に，「親切にしてよかったことはありませんか？」と問いかけてもなかなか自分のことを見つめることはできません。したがって，まず，自分のことで，その内容項目に関わってできたことをふり返ること，つまりできた行為を見つめることから始めなければなりません。

　次の段階として，教材のある特定の場面や状況から，様々な場面や状況に行為を広めていくことが求められます。

　さらに，学年が上がるにつれて，行為だけでなく，そのときの考えや気持ちを見つめることができるようにします。そして，そうした行為を今，考えてみるとどうなのかということも見つめることができるようにします。

　最後に，内容項目に関わっていろいろな場面をふり返り，自分はいつもこんな傾向があり，こんな課題がある，ということに気づくこともできるようにします。

　こうしたことから，右のように，発達の段階を踏まえて「自己を見つめる」ときにめざす児童生徒の姿を考えることができます。さらに，現在がどの段階かが把握できれば，次の段階に向かう指導・援助が明らかになり，個に応じた指導にもつながります。

<発達の段階を踏まえた「自己を見つめる」ときにめざす児童生徒の姿>

	「自己を見つめる」ときにめざす児童生徒の姿
低学年	・行為を見つめる。 ・教材と異なる場面や状況で行為を見つめる。
中学年	・行為＋考えや気持ちを見つめる。
高学年	・過去にした行為を今どう思っているのかを見つめる。
中学校	・これまでの自分の傾向性を見つめる。 ・これまでの自分を見つめ課題を見つける。

低学年が自己を見つめる（自分にどんなことがあったかを見つめる）ときには，どんな指導・援助をしたらよいのでしょうか。

　低学年が自己を見つめるときにめざす姿は，行為を見つめる（教材と同じかよく似た場面や状況で見つめる，そして教材と異なる場面や状況で見つめる）ことができることです。
　それでは，こうした力を高めるための具体的な指導・援助をいくつか紹介します。

・**教師が学級経営の流れの中で捉えている事例を示す。**
　展開後段で自分を見つめることができない児童に，日々の教育活動で内容項目に関わって捉えた事例を紹介します。
　（あなたは，きのうの休み時間に友達の○○さんが転んだとき，起こしてあげたね。）

・**教師が捉えている事例の想起する場，時を示す。**
　事例をそのまま紹介するのではなく，そのときの場面や状況等を示し，自ら想起できるように促します。
　（今日の朝，先生と廊下で会ったね。そのとき，○○さん，先生にどんなことをお話ししてくれたかな。）

・**価値の適用の場を広げる。**
　教材で高められた価値観を広げるために，ほかへの活用の場を提示します。
　（このお話は，なわとびだったけれど，ほかの運動でがんばったことはありませんか。）
　（このお話は，なわとびだったけれど，勉強のことでがんばったことはありませんか。）

・**教材と異なることで見つめたことを価値づける。**
　価値の適用の場を広げるために，教材の場面や状況と異なることで見つめた姿を価値づけます。
　（このお話は，小さい子を助けたお話だったけれど，○○さんは，おばあちゃんを助けたことを思い出したんだね。）

・**仲間の見つめた事例を黒板に書く。**
　価値の適用の場がいくつもあることに気づくことができるよう黒板に書きます。
　（○○さんは，家の仕事のふろそうじのことを思い出したんだね。＜板書する＞○○さんは，食器の後片づけのことを思い出したんだね。＜板書する＞みんなは，どんな仕事について思い出したかな。）

Q78 中学年が自己を見つめる（どんな考えや気持ちからそうしたかを見つめる）ときには，どんな指導・援助をしたらよいのでしょうか。

　中学年が自己を見つめるときは，行為だけでなく，どんな考えや気持ちからそうしたかを見つめることができるようにします。

　それでは，こうした力を高めるための具体的な指導・援助をいくつか紹介します。

・考えや気持ちを問いかける。

　行為を見つめたあとに，より深く見つめるために考えや気持ちを問いかけます。

（そのとき，どんなことを考えていたの？　どんな気持ちでそうしたの？）

・仲間の考えや気持ちのどれに近いか板書を活用して問いかける。

　見つめた行為だけでなく，考えや気持ちを板書し，それを活用して問いかけます。

（（板書を示しながら）○○さんは，こんな気持ちが強いんだね。□□さんは，こんな気持ちが強いんだね。あなたは，どんな気持ちが強いのかな。）

・教材の主人公の考えや気持ちとつないで問いかける。

　ねらいに関わる主人公の考えや気持ちを例示しながら，そのときどんな考えや気持ちであったのかを問いかけます。

（このお話の主人公は，誰かに助けてほしいという気持ちがあったけれど，あなたは，やりぬこうとして困ったとき，どんな気持ちだったの？）

・仲間の事例を紹介し，自分のこれまでの行為の考えや気持ちを問いかける。

　仲間の事例を紹介しながら，考えや気持ちを問いかけます。

（○○さんは，こんな気持ちがあったと言っていたけれど，あなたは，どんな気持ち？）

・発言内容を捉えて，問いかけたり言い足りないところを，補説したりする。

　児童の発言内容を捉え，より深く見つめるために問いかけたり，表現が十分でないときには，言い足りないところを補ったりします。

（つらくなって，つい，やめようと思ったという気持ちを話してくれたけれど，ついというのは，めんどうだからということなの？）

・考えや気持ちを見つめたことを価値づける。

　自己を見つめた姿を価値づけることが，自己を見つめることへの意欲や習慣化につながります。

（そのとき，あなたは，そんな気持ちがあったんだね。よくそのときの気持ちを見つめることができたね。）

Q79 高学年・中学生が自己を見つめる（今の考えや気持ち，いつもの考えや気持ち，自分の課題を見つめる）ときには，どんな指導・援助をしたらよいのでしょうか。

　高学年や中学生が自己を見つめるときは，心の中（今，どんな考えや気持ちになっているか）や，心の傾向性（いつもどんな考えや気持ちでそうしているか），自分の課題（自分にはどんな課題があるか）を見つめることができるようにします。

　それでは，こうした力を高めるための具体的な指導・援助をいくつか紹介します。

・今，思うとどんな考えや気持ちになっているかを問いかける。

　行為についての考えや気持ちを見つめるだけでなく，今，そのときのことを思うとどんな考えや気持ちになっているかを問いかけます。

　（○○という気持ちでしたんだね。今，思ってみると，どんな気持ちになっていますか。）

・仲間の事例を聞いて，心の中まで見つめる。

　核となる共通の体験活動の場で，仲間の事例をもとに，心の中まで見つめられるように問いかけます。

　（○○さんは，あのことをふり返ると，今，こんな気持ちになっていると言っているけれど，あなたは，今，そのときのことを思い出すと，どんな気持ちになっているの？）

・そのときの相手や周りの人がどんな様子だったかに気づかせ，その様子から，今，どんな考えや気持ちになったかを問いかける。

　より深く見つめるためには，そのときの相手や周りの人がどんな様子でいたのかを気づかせ，心の中まで自分を見つめていくように問いかけます。

　（あのときのおばあさんの様子を思い出してごらん。今，どんな気持ちになる？）

・いくつかのふり返った事例から，いつもどんな気持ちでやっていたのかを問いかける。

　自分の考えや気持ちの傾向性を深く見つめることが実践意欲へとつながるため，いくつも見つめた事例から共通の考えや気持ちを問いかけます。

　（いくつもふり返ることができたね。いつもどんな考えや気持ちでそうなるのかな？）

・前にふり返った事例と，今，見つめた事例とをつないで，問いかける。

　前にふり返った事例と，今，見つめた事例で，共通する考えや気持ちを問いかけます。

　（前にふり返ったことと，今ふり返ったことをつなげると，あなたはいつもどんな気持ちがありますか。）

・自己を見つめた姿から，自分の課題を見つめるよう問いかける。

　自己を見つめたとき，できなかった姿から何が課題であったのかを問いかけます。

　（できなかったことも見つめたけれど，どんなことが課題であると思う？）

Q80 自己を見つめるために，教材から離れるとき，うまく児童が自己を見つめられないことがよくあります。どのような指導・援助をしたらよいのでしょうか。

　自己を見つめる基本発問をしたとき，なかなか児童が自己を見つめられない授業によく出会います。また，授業研究会でもこの質問はよく出てきます。では，自己を見つめることができないのは，どんな要因があるのでしょうか。

　まず，教材での価値理解が十分にできていないことが考えられます。価値観を深め，価値理解をする授業を進めても，価値理解した内容をまとめないことがあります。そこで，教材を通して価値理解した内容（子どもの発言を捉えてまとめる）を板書にきちんと整理することで，価値理解を一人ひとりのものにしていきます。

　例えば，親切をねらいにした授業で，「親切にすると相手も自分も気持ちがいい。」と板書でまとめると，これを生かして「これまでに親切にして，自分もうれしかったし，相手も喜んでいたなあということはありませんか。」と問いかけることができ，ねらいからずれていくことはありません。これを「主人公のようなことはありませんか。」と問いかけると，価値の内容がわかりにくく，ねらいとする価値と異なる内容の自己を見つめたり，自己を見つめることができなくなったりします。

　次に，自己をどのように見つめたらよいのかが十分に理解できていないために，自己を見つめられないことがあります。そうしたときには，教師が捉えた児童の姿から，ねらいに関わってできている２，３の事例を紹介することも，効果的な指導・援助になります。例えば，「今日は働くことで自分も気持ちがいいし，周りの人の喜びにもつながることを学びましたね。先生はこのクラスにも働いてよかったということを経験した人を知っています。紹介します。Ａさんは資源回収の手伝いで，Ｂさんは先生の仕事の手伝いで……。」というように，事例の紹介で価値適用の場を広げ，どんな場でどのように見つめたらよいのかを理解させます。また，紹介された児童は自己肯定感をもつことになり，実践への意欲が高まります。

　このように，自己を見つめることができない要因を明確にして，その要因を解消する指導・援助を工夫することが必要です。

児童が自己を見つめるとき、教材とつなぐために、どのようにしたらよいのでしょうか。

　児童の意識を1時間連続させて、ねらいに迫っていくことはほかの教科の授業でも大切にされています。そこで、道徳科についても、その指導・援助について具体的に考えてみましょう。

　1つ目です。道徳科の授業でよく見かけますが、「主人公の○○さんのように、みなさんもきまりを守っていますか。これから自分のことをふり返ってみましょう。」という基本発問から自己を見つめる指導の工夫です。いきなり、教材から離れて自己を見つめていくのは難しいので、教材の主人公とつないで自己を見つめやすくします。児童が自己を見つめやすくするための方法として、大切にします。留意するのは、主人公だけでなく、「主人公＋把握した価値」を押さえることです。そうしないとねらいとする価値からずれてしまいます。

　2つ目です。教材の多様な考え方や感じ方と、自己を見つめた考え方と感じ方とをつなぐ指導・援助です。教材の主人公の多様な考え方や感じ方を板書で整理したとき、例えば、＜B　親切、思いやり＞の内容項目では、「誰かがやるだろう」「用事がある」「みんながみているから恥ずかしい」「みんなもやっていない」などの中の「誰かがやるだろう」を指し示しながら、「○○さんもその場で助けられなかったことがあったんだね。今、そのときの『誰かがやるだろう』という気持ちだったと話してくれたんだけれど、主人公のこれと同じですね。」というように、「主人公の考えや気持ちと自己を見つめたときの考えや気持ちをつなぐ」という指導・援助です。

　また、自己を見つめるとき、考えや気持ちを見つめることができない児童には、多様な考え方や感じ方をまとめた板書を指しながら、「主人公は、こんな気持ちがあったんだけれど、あなたは、そのとき、この中にある気持ちのどんな気持ちと近かったの？」と指導・援助をすることができます。

　児童の意識を連続させることを大切にして、自己を見つめる指導・援助をさらに工夫していきたいです。

自己を見つめるとき，ねらいに関わって「できたこと」を見つめるのか，「できなかったこと」を見つめるのか，どちらがよいのでしょうか。

　まず，道徳科の目標から考えると，道徳科の目標の中には，課題を培うということがあります。課題というのは，自分が生活をしているときに「できていないこと」を見つめることになります。つまり，「できていないこと」＝課題ということになります。しかし，「できなかったこと」を見つめることは，懺悔になるのではないかということも心配されます。したがって，「……できませんでした。」という発言ではなく，「○○は今，できていないけれど，そこが私の今の課題で，○○です。」という発言ができればよいのです。自分を見つめるときは，「できなかったこと」を問うのではなく，「あなたの課題はどんなことですか。」という問いかけにしていくことが大切です。

　次に，発達の段階の視点から考えてみましょう。

　低学年では，「できたこと」を見つめることで，「よし，友達もあんなにできるようになったのだからぼくももっとがんばってみよう。」という実践への意欲が高まってきます。「できたこと」を聞いて，ぼくも私もという気持ちになってきます。しかし，学年が上がっていくと，「できたこと」ばかりを見つめていると，何か違和感があります。「できたこと」をいくつか見つめてもいいですが，でも自分にはこんな課題があるということも見つめないと，発達の段階を踏まえてのめざす姿にはなりません。つまり，学年が上がるにつれて，「できなかったこと」を見つめることが必要になります。

　このように，「できたこと」を見つめるのがよいのか，「できなかったこと」を見つめるのがよいのかは，発達の段階によって，どちらに重点を置いたらよいのかを考えて選択します。

　課題を培うことを最終的な目標にして，発達の段階を意識して自己を見つめていけるように指導・援助します。

児童が自己を見つめるとき，より深く自己を見つめるためには，どんな指導・援助をすればよいのでしょうか。

　自己を深く見つめるとは，最終的には心の傾向性や自己の課題を見つめることになります。具体的にいうと，「私は，このときも，あのときも，○○の気持ちでできないことがあるんだなあ。（こんな自分ではいけない。よし……）」「相手のことを思って親切にすることをふり返ってみると，小さい子が困っているとすぐに助けることができるけれど，大人の人には，恥ずかしさがあって，できなかったなあ。恥ずかしさを乗り越える勇気をもつことが課題だなあ。」というような児童の反応になります。この反応は，一場面だけの行為や気持ち・考えだけではありません。多くの児童が自己を見つめる反応は，「こんなことがありました。そのときの気持ちはこんな気持ちでした。今，そのことを思うと……」というように，ある場面における行為と考えや気持ちを見つめていることが多いようです。こうした見つめから，ねらいに関わっていくつもの場面を想起するとともに，そのときの気持ちをつないでいきます。そうすると，なかなか行為に踏み切れない考え方や感じ方が明らかになり，それを深く見つめたとき，道徳性が高められます。また，教育活動全体を通しての道徳教育で高めた道徳性を道徳科の時間でさらに高めるために，ねらいに関わる「できたこと」を見つめ，さらに課題を見つけることも大切です。

　こうした自己を見つめるときにめざす児童の姿を描いたときの指導・援助を紹介します。
　ある一場面の行為と気持ち・考えを見つめた児童には，次のような指導・援助が考えられます。

- ほかの場面ではなかっただろうか。そのときの気持ちは，今，見つめた気持ちと比べてどうだった？
- ほかの場面でも，いくつか思い出してごらん。そして，そのときの気持ちも思い出すと，いつも，どんな気持ちでできていないのか，そこには，どんな課題があるのかわかってこないかな？

　また，いくつかの場面を見つめている児童には，次のような指導・援助が考えられます。

- いくつかのことを見つめたね。それぞれ，どんな気持ちでやっていたのかも思い出してごらん。いつも，どんな気持ちでできていないのか，課題は何なのかわかってこないかな？

　このように，指導・援助をいっそう具体化していくことが大切です。

Q84 導入と展開後段で、同じようなふり返りをしている授業がありますが、導入と展開後段をつないでいける指導の工夫はないのでしょうか。

　導入で、これまでの生活をふり返り、展開後段でも同じような発問をして、児童の自己を見つめる姿が変わっていない授業をときどき見ます。1時間の児童の変容が見えない授業になっています。1時間の授業で、児童の変容が見えるような導入と展開後段をつなげる工夫を考えてみましょう。

1　場を広げ、その広げた場から自己を見つめる。

　低学年の＜C　規則の尊重＞の実践では、導入で、「みんなで使っているものには、どんなものがありますか。」というように、この価値に関わる適用の場を広げ、様々な場について板書をしていきます。（板書では、左側　横書き）

　そして、展開後段では、「最初に、みなさんに、みんなで使っているものについて（板書を示しながら）発表してもらいましたね。この中から、1つ選んで、自分はどのように使っていたのか思い出してみましょう。きまりを守って使うことができていたのか、決まりを守らずに使っていたのか、よく思い出して、道徳ノートに書いてみてください。」というように発問をします。導入で、ねらいに関わる場を広げ、その場の中から自分にこだわった場について見つめることになります。

2　導入でのふり返りをいっそう深める。

　中学年の＜C　規則の尊重＞の実践では、導入で「みんなで使うものをどのように使っていますか。」と発問し、教材をもとにみんなで使うものは大切にしなければならないこと、大切にすることでそのよさを感得していきます。その後、展開後段では、「みんなで使うものについてどのように使っているのか、初めに聞いたけれど、それをどんな考えや気持ちで使っていたのか、よく思い出して書いてみましょう。さらに、そのことを思い出した子は、今、そのことを考えると、どんな考えや気持ちになっているかも書いてみましょう。」と発問をしていきます。

　導入での「行為」を見つめることから、展開後段での「行為＋考え・気持ち」、さらに「行為＋考え・気持ち＋今、思うと」まで見つめ、教材を通して感得した心の深まりが見えるようにします。

Q85 自己を見つめるとき，主人公に手紙を書くという方法について，どう考えたらよいのでしょうか。

　展開前段から後段へ移るとき，児童の意識の流れが途切れてしまうのを，なんとか工夫したいという思いで，主人公に手紙を書くという指導による自己を見つめる実践をときどき見かけます。教材の主人公に主体的に関わってきたので，その関わりから自己を見つめていこうとする実践です。

　この実践では，手紙の中に，ねらいに関わる高められた価値観から自己を見つめる内容が書かれていなければいけません。めざすところは，やはり，自己を見つめることになります。

　自己を見つめるときに，「今日の勉強で学んだことやわかったことを，主人公に手紙に書きましょう。」という発問では，自己を見つめる内容について，書いてくることはほとんどないでしょう。しかし，「今日の勉強で学んだことやわかったことから，自分のことを見つめて主人公に手紙を書きましょう。」という発問であるならば，自分のことを見つめて書くことになるでしょう。

　ただし，児童は，「手紙を書きましょう。」ということになると，自分のことではなく，「○○さん，お元気ですか？」など，相手のことについていろいろ聞いたり，「今日は○○さんがおばあさんに親切にした話を勉強したよ。……」など，教材の内容について学んだことを伝えたりしてきます。

　そこで，自己を見つめていくための指導・援助が必要になってきます。例えば，道徳ノートの記入例として，「主人公のやす子さん，やす子さんからは，きまりを守ると気持ちがいいことを勉強したよ。そのことで，自分を見つめると，私も場面が違うけれど，……」「主人公のやす子さん，ぼくはね，公園で遊んでいるとき，芝生に入ってはいけないということあったのだけれど，……」など，道徳ノートの記入例を示したり，自己を見つめたことが書かれている道徳ノートを本人の許可を得て，学級に掲示したりします。

　主人公に手紙を書くという方法をとったとき，必ず，自己を見つめる内容が含まれていることが大切であり，その内容を引き出すための指導・援助をする必要があります。

書く活動で自己を見つめるとき，どんなことに留意したらよいのでしょうか。

　自己を見つめるための方法として書く活動が考えられます。しかし，どの学年でもそれができるかとなると，少し考えなくてはなりません。

　例えば，１年生の時期には，どの児童にも書く力が育っているかというと，十分ではないということも考えられるので，書く活動は難しくなります。まず，教科の学習で書く力をどの児童にも育てて，道徳科の時間に生かしていくことを心がけなければなりません。

　次に，自己を見つめるための指導・援助として道徳ノートを工夫していくことも大切になります。

＜道徳ノートには価値理解の言葉を記入＞

　道徳ノートを見てみると，教材名を書いてあることもありますが，本時に学んだ道徳的価値を書くことも，授業の価値をより意識づけることになります。また，児童の発言から価値理解の言葉を書き込むことがより児童の意識を高め，自己を見つめることにつながります。

＜自己を見つめる視点の明示＞

　全体の場で指導・援助をして一人ひとりが自己を見つめ，そこからの一人ひとりへの指導・援助が道徳ノートに示されていると，よりいっそう自己を深く見つめることになります。例えば，中学年の「みんなのわき水」＜Ｃ　規則の尊重＞では，落ち葉をとらないと次に使う人がいやな思いになって，みんなで使う場所は大切にしないといけないということに気づきます。そのあと，道徳ノートを使って自己を見つめるとき，「お話の場面と違うところで」と書き込んでおくと，「公園で遊ぶとき」「図書館で本を読むとき」「一輪車を使って遊ぶとき」など様々な場面で自己を見つめることができるようになってきます。

＜自己を見つめやすいプリントを準備し，選択＞

　自己を見つめることがねらいなので，見つめる視点に迫るメモ書き程度のプリントや，主人公に手紙を書くプリント（ただし，自分を見つめる内容が必ず入っていること）などを工夫して，いくつものプリントを準備します。そして，その中から本時に児童が見つめやすいプリントを選択することも，意欲的に自己を見つめることにつながります。

児童が自己を見つめるとき，自分の日記を取り出し，その内容を見て道徳ノートに書いていました。これは，自己を見つめたことになるのでしょうか。

　道徳科では，自己を見つめるとき，教師が基本発問を投げかけ，場を広げたり，事例を紹介したりして自己を見つめる指導・援助を行い，一人ひとりが道徳ノートに書いている授業があります。

　その際，児童が机の中から自分の日記を取り出し，それを一生懸命見て書いている姿を見たことがあります。きっと児童が心の中で，「そういえば，このことは日記のあそこに書いてあった。よし，見てみよう」と思って，日記を机の中から取り出し，道徳ノートに書こうとしたのでしょう。この日記は，自己を見つめるための指導・援助になります。よく，自己を見つめる指導・援助に，学級掲示の「よいこと見つけコーナー」から見つけてくるということが授業で行われていますが，同じような内容の指導・援助といってよいのではないでしょうか。

　しかし，自己をより深く見つめるということになると，日記の内容をそのまま書いているのでは，なかなか深く見つめたことにはならないといえます。そこで，日記を見ているとき，教師の指導・援助として，「よく，日記のことを思い出したね。今，それを見て，書いているんだね。そのときのことを思い出して，今，どんな気持ちになっているの？」など，まず，自ら自己を見つめる手がかりを見つけたことを価値づけるとともに，日記を書いたときの考えや気持ちが，本時の道徳科の授業でどのように変わったかを問いかけることが必要になります。そして，児童がその内容を道徳ノートに書くことがより深く自己を見つめたことになるのです。

　こうした指導・援助のもとで，児童が自己を見つめる具体的な姿として，「あのときは，何か言われるといやな気持ちがすごくあって，友達には言えませんでした。でも，今日勉強して，言わないと友達がよい友達になっていかないということがわかって，言えなかったことがだめだったなあと思いました。友達のことを思って，今度はぜひ，言おうと思っています。」というような内容が書かれていくことになるでしょう。

　このように，日記も指導・援助の1つですが，日記を書いたときから，今，どのように考えや気持ちが変わったかがわかるような指導・援助をすることが求められるのです。

自己を意欲的に見つめるために，どんな指導方法の工夫があるのでしょうか。

　展開後段の自己を見つめる段階では，一人ひとりが道徳ノートにその内容を書いたり，全体の場で語ったりするという授業をよく見ます。

　この段階でのめざす姿は，児童が生き生きと自己を見つめたり，深く自己を見つめたりしている姿です。しかし，書く活動ばかりであったり教師の問いかけに数人が発表したりと，いつも同じ学習活動であると児童の意欲もしだいになくなってきます。

　そこで，自己を意欲的に見つめる指導方法を工夫してみましょう。ここでのねらいは，自己を見つめることなので，どの児童も同じ学習活動でなく，一人ひとりに合った学習活動を選んでもよいはずです。自分に合った方法を選択させて，自己を見つめていく指導を取り入れた実践を紹介します。方法を選択するということなので，道徳ノートではなく，道徳プリントという表現にします。

　まず，「書く」活動の内容です。道徳プリントはいろいろな工夫ができます。

　まず，たくさん書かなくても「メモ程度」でいいという道徳プリントです。自己を深く見つめるための視点である「いつ」「どこで」「どんなことを」「そのときの気持ち」「そのことを今思うと」「課題は」という枠をつくり，そこに書き込んでいくという形式のプリントを用意します。

　次に，「手紙形式」のプリントです。主人公から価値に関わって学んだあとなので，主人公に自分のことを話したいという気持ちになります。したがって，プリントに吹き出しなどをつけて，「主人公の〇〇さんへ」という書き出しで書くという形式にします。

　3つ目に，形式にとらわれないで書きたいという児童ももちろん出てくると思います。この場合は罫だけのプリントに自由に書かせます。

　続いて，「話す」活動の内容です。話す活動には，1人で話す，ペアで話す，小集団で話すなどが考えられます。1人で話すときは，つぶやきます。ペアで話すときは，指導内容に関わる友達やいっしょに活動した友達と話します。先生に話したいという児童もいるかもしれません。小集団は，いつも遊んだり学習したりしている友達と話すなどが考えられます。留意点としては，特にペアや小集団で話すためには，学業指導が必要なので，道徳科の授業以外で学び方を身に付けていくことが必要になります。

　最後に，児童がこうした学習活動をいつ選択するかです。価値を理解したあとで児童が決めることを考えると，道徳プリントはすべて用意しておく必要があります。

Q89 児童が自己を見つめるとき，今までに学習してきた道徳科の授業のことも見つめている姿を見たことがあります。どのように指導・援助しているのでしょうか。

　道徳科の授業は，年間35時間あります。したがって，重点項目については，2，3時間扱うことになります。例えば，＜D　生命の尊さ＞の授業を3学期に行えば，1，2学期の＜D　生命の尊さ＞の授業やそれに関わる関連価値＜C　家族愛，家庭生活の充実＞，＜D　自然愛護＞などの授業について見つめることも考えられます。

　しかし，教師の指導が入っていないところで，児童はなかなか前の授業をふり返ることはありません。授業で前の授業のこともふり返っている児童には，きっと，今までの道徳科の授業からも見つめるという指導があったに違いありません。

　それでは，その具体的な指導・援助を紹介します。

＜今までの道徳科の授業を見つめる指導・援助＞
- 1学期の道徳科の授業でも，命のことについて勉強したね。覚えている？　うしろの道徳コーナーには，1学期の授業で使った絵が貼ってあるね。そのことも思い出しながらお話ししてごらん。
- （1学期の道徳科の授業に関連する教室掲示を指しながら）1学期も道徳科で命についての勉強をしたね。そのときに考えたことと，今日の授業では，どこが違っているのかな？

など

　以前，学習した道徳科の授業を想起させるためには，教師の問いかけや学級掲示を生かした指導・援助が考えられます。上のような問いかけを通して，児童に今までの道徳科の授業と今日の道徳科の授業をつなぐ意識を強くもたせることが大切です。

　この指導・援助を継続することは，そのうちに，前の学年の道徳科の授業を想起していくことにもつながっていきます。

　こうした児童の姿から，1年間を通して道徳性を育てる学級担任の構えが見えるだけでなく，学校全体で道徳性を育てる学校の道徳教育の構えも見えてくることになります。

Q90 価値理解と展開後段をつなぐための,「主人公のようなことは,みなさんにはありませんか。」という発問は有効なのでしょうか。

　道徳科の授業では,展開後段における自分を見つめた姿から,ねらいが達成できたかどうかを判断することになります。つまり,教材だけで授業が終わるのではなく,日常生活や今後出会うであろう様々な場面,状況にまで見つめる内容が広がらないといけないということになります。また,展開後段でねらいとする価値とずれて自己を見つめていても,ねらいを達成することができないことになります。

　そこで,自己を見つめる指導・援助の工夫の1つとして,教材の主人公とつないで発問をし,自己を見つめやすくしていくことが考えられます。しかし,「主人公のようなことは」という発問は,やや問題があります。なぜならば,「主人公のようなことは」と問いかけたとき,児童が主人公のどんなところとつないでいるのかがよくわからないからです。価値理解が不十分であればあるほど,教材のねらっている場面や状況から離れていくおそれがあるのです。

　したがって,教材から離れるとき,ねらいとする価値に関わってまとめることが大切になります。教師からの一方的なまとめは押しつけになるので,児童の反応を生かしながらまとめていくことが大切になります。特に,ねらいに関わって,どうしてできないのかという要因を解消するためのまとめをしていく必要があります。

　具体的には,＜B　親切,思いやり＞の内容項目ならば,親切にしたことで相手が喜んでいることや,自分自身が親切にしたことで,すがすがしい気持ちになっていることを押さえていくことが大切になります。こうした価値のまとめをした上で,教材から離れていくことになります。つまり,「主人公のようなことは」ではなく,「親切にすると相手も喜ぶし,自分も気持ちがよくなるんですね。それでは,主人公のように,相手が喜んでいるのを見たり,自分が親切にしたりしてよかったなあと思ったことはありませんか。」というように発問していくことが大切になってきます。

　このように,主人公とつなぐことは大切ですが,価値をまとめ,価値とつないでいく意識がないと,ずれた価値で自己を見つめることになり,ねらいを達成することができなくなります。

「主人公のような」はだめなんだ。価値からつないで問いかけるのか。

Q91 低学年の自己を見つめる手立ての具体的な実践を紹介してください。

　低学年の自己を見つめる手立て「主人公との対話によって自己を見つめる。」の実践例です。

　「ゆっきとやっち」＜B　友情，信頼＞で主人公に主体的に関わった児童は，自分の生活のことを主人公に話したいという願いをもっています。そこで，それを生かすことが児童の主体的な自己を見つめる姿につながるのではないかと考えました。

　ここでは，主人公のゆっきと児童の対話形式の実践です。

> ＜授業記録の一部＞
> T　ゆっきとやっちのように友達同士助け合うと，お互いに気持ちよくなるんだね。
> Y　（ゆっきのペープサート）先生，先生のクラスの友達のことを聞きたいな。友達同士助け合っている子はいるの？　いたら教えてよ。
> T　（ゆっきのペープサートに）ゆっき，1年2組にも，友達同士助け合っている子がいっぱいいるよ。今から紹介するよ。（友達同士のGさんとFさんを前に出す。）
> 　＜転んだとき助けたこと，給食の食器が重くて運べなかったとき助けたことなどを紹介する。＞
> Y　今，先生からみんなのことを聞いたよ。すごく助け合ってるね。今度は，みんなに聞きたいな。「ゆっき，あのね」と言って，ぼくにお話ししたい人！　Sさん。
> S　ゆっき，あのね。ぼく，Hさんとお友達だよ。ぼくが，誕生集会の進行係をやっているとき，どう話したらいいのかわからなくて困っていたら，優しくこうするんだよと教えてくれたよ。うれしかった。
> Y　いい友達だね。友達のHさんは，Sさんに助けてもらったことは？
> H　ぼくが，1人でいたとき，遊ぼうと誘ってくれたよ。とってもうれしかった。

　1年生は，教材から離れてすぐに自分の生活を見つめることが困難な場合が多いようです。

　そこで，主人公との関わりを大切にして，主人公から教師に事例を紹介するように投げかけたり，主人公から児童と対話するように投げかけたりする工夫をしていきます。

　こうしたことで，児童が自分の生活のことを思い出して進んで話そうとしたり，主人公と対話をしている児童の姿をじっと見つめたりする姿が見られます。

Q92 展開後段で，自己を見つめ合う指導をすることは，どのように考えたらよいのでしょうか。

　展開後段では，教材におけるある特定の場面や状況での価値理解から，様々な場面や状況に生かしていくための自己を見つめることが求められています。

　基本的には，展開後段では自己を見つめることがねらいですが，他者理解も含め，自己を見つめ合うことについて考えてみましょう。

　1時間（45分または50分）の学習指導過程を考えると，自己を見つめる時間は，5～10分程度になります。その中で，自己を見つめ合うとなると，かなり時間が取られます。具体的に，自己を見つめ合う問いかけとして，「Aさんが自分を見つめたことについて，みなさんは自分はどうであったかを見つめてごらん。」のようになります。これは，教材のある特定の場面とは異なった場面なので価値の適用の場を広げてはいますが，場が1つ追加されただけにすぎません。このあと，さらに価値の適用の場を広げていかなければなりません。この方法は，時間に余裕があれば有効な指導方法ですが，なかなか難しいのが現実です。

　また，1時間の学習指導過程で価値理解を確かにした上で自己を見つめるので，中心教材を扱う時間が少なくなってきます。中心教材としての扱いに問題が出てくることも考えられます。

　そのほかに，自己を見つめ合う方法として，教材における価値理解から自己を見つめるだけではなく，仲間の発言を聞いて，自分との関わりで捉えると自然な形になっていきます。例えば「Aさんの自己を見つめている気持ちを聞いていて，私も親切にするとき，恥ずかしい気持ちがあったので，よくわかりました。」などです。

　いずれにせよ，展開後段では自己を見つめることがねらいなので，このねらいを大切にして，自己を見つめ合うことが目的にならないように，時間との兼ね合いで弾力的に考えていくことが肝要です。

展開後段の時間が少なくなったり，時間が取れなくなったりしないように，どんなことに留意しなければいけないのでしょうか。

　展開後段の時間がなくなり，十分にねらいが達成できない授業をよく見ます。それを解消する手立てを次に示します。

1　導入に時間をかけすぎないこと
　導入は，価値への方向づけなので，3,4分程度で行います。

2　感想に時間をかけすぎないこと
　教材に正対したときの考え方や感じ方（感想）を生かして，指導を進める場合，その考え方や感じ方を引き出しすぎて，時間がなくなることがよくあります。児童が発言することが目的ではないので，効果的な感想の引き出し方や指導の積み上げを継続することが必要です。具体的には，感想を発表する児童は5人程度にしたいです。感想をうまく扱えない場合は，感想を授業に取り入れないで，指導を進め，あくまでも，展開後段に時間を取ることが大切です。

3　基本発問が多すぎないこと
　ねらいに迫るために必要な発問はどの発問なのか，精選する必要があります。あらすじや登場人物を聞く発問は，道徳科の特質からいっても，絶対に避けなければなりません。

4　基本発問で見届ける児童の反応を明確にすること
　基本発問をして，児童が挙手をしているのですべて聞きたいという思いで指名していくと，当然，時間がなくなってきます。基本発問で児童に期待する反応を明確にする必要があります。もちろん，そうした反応を引き出すための補助発問を事前にいくつも準備しなければなりません。

　このような手立てを事前に考えたり，授業の中で試みたりしますが，価値観を深めるために，価値理解にこだわりすぎると，やはり時間がなくなってしまうことがあります。そんなときには，ある程度，価値を理解していると捉えたならば，指名を打ち切って，自己を見つめる段階に入っていくことが大切です。道徳科の授業は1時間でその内容項目のねらいを達成しなければなりませんので，次の時間に延ばすことができません。十分に価値を理解できなくても，自己を見つめる段階で指導・援助をし，補っていくつもりで授業を進めることが望ましいことになります。

Q94 自己を見つめるとき,児童が体験したことがほとんどない＜D 感動,畏敬の念＞や＜D 生命の尊さ＞については,どのようにしたらよいのでしょうか。

　自己を見つめるとき,ほとんどは,自分のこれまでの生活の中でできたことやできなかったことを見つめます。ところが,＜D 感動,畏敬の念＞となると,誰もがそんな体験をしているわけではありません。では,体験がないので,＜D 感動,畏敬の念＞は,教材だけで終わっていいのでしょうか。

　そういうことではなく,今後出会うであろう様々な場面,状況で,行為として表れていくことを考えたとき,＜D 感動,畏敬の念＞も,やはり価値の適用の場を広げていく構えをもつことが大切であり,自己を見つめていくことが必要です。

　そこで,読書指導との関わりで,心に響いたり,感動したりする本を図書室で何冊も読んだり,朝の会や終わりの会で心に残る本を教師が読み聞かせたりして,本を通しての感動体験を積み上げ,道徳科の授業に深化,統合することも大切になります。道徳科の授業の自己を見つめる段階では,「今日のお話のように,心がジーンとしたり,感動する本に出会ったりしたことがありますか。それは,どんな本を読んだときのことですか。」などと問いかけ,本を通して感動した内容をふり返ります。

　＜D 生命の尊さ＞の場合にも,自分の健康に留意するとか,交通事故に気を付けるなどの内容については経験もありますが,内容の広がりはあまり望めません。そこで,児童に「新聞記事から命に関わることを探してみましょう。例えば,人の命を救った人や,残り少ない命なのに,精一杯生きている人などの記事を見つけましょう。そして,それを切り抜いて,自由勉強ノートに貼り,自分の考えや気持ちを書き込みましょう。」と投げかけ,生命の尊さに関わる考え方や感じ方を深めていきます。

　そして,朝の会や終わりの会で,児童が見つけてきた記事や児童の考え方や感じ方を紹介したり,その内容について話し合ったりすることも,生命の尊さに関わる考え方や感じ方を深める上でたいへん効果的です。

　自己を見つめにくい内容項目について,2つの指導方法を紹介しました。どんな内容項目でも,自己を見つめる時間を設け,直接体験・間接体験のどちらかで自己を見つめることができるような指導方法や指導・援助を工夫することが大切です。

Q95 終末は，どのように工夫したらよいのでしょうか。

終末のねらいは，展開後段で自己を見つめ，さらに実践への意欲を高めることです。

ときどき，終末で教師が準備した話をしても，児童の実践への意欲が高まっていかない授業を見かけます。展開後段での児童の自己を見つめた姿を捉えて，教師が準備した話が効果的ではないと判断したときには，話さない方がいいでしょう。そのときには，児童の姿をねらいに即して具体的に価値づけ，担任としての喜びを伝えることが大切になります。

具体的には，「Aさんは，おばあさんが道に迷って困っているときに道案内をして，おばあさんに素敵な笑顔で何度もお礼を言ってもらって，すごくうれしくなったそうです。Aさんは，また，困っている人がいたら助けたいという気持ちになっていると聞いています。Aさんの優しい心がよく伝わってきますね。先生も聞いていて心がジーンとしました。Aさんの担任をしていてすごくうれしい気持ちです。」というようにまとめていくのも1つの方法です。

また，終末の工夫として，自分の体験を語ることも挙げられます。教師の体験談は，児童にとって心に響くものです。「先生もそうだったんだ。」「先生はやっぱりすごい。」などつぶやきながら，じっくりと聞いています。また，教師の体験談は，児童と学級担任との関係をさらに深めることにもつながります。

ほかにも，学校で働く人の話，地域の方の話，新聞記事，ニュース，図書館の本からの紹介，教師がこれまでに担任してきた児童の姿の紹介などが挙げられます。いずれにせよ，ねらい，発達の段階，話す内容と児童との密接な関わりを大切にして終末の準備をしておく必要があります。

そのために，教師は，日頃から高いアンテナを張って材料集めをしておき，その中から児童の実践への意欲を高める話を選択することが大切になります。

ときどき，研究授業の2，3日前に，「終末は，どんな話をしたらよいでしょうか。」と質問をされることがあります。この段階で，どんな話をするのかが決まっていないようでは，児童の実践意欲を高めることには，なかなかつながっていかないように思います。

Q96 終末に，地域の方に協力していただいて，児童の実践への意欲を高めていきたいのですが，どんなことに留意したらよいのでしょうか。

地域の方の協力は，終末の工夫として効果的な場合があります。身近な人なので，臨場感があるからです。その際，ぜひ，留意したいことを5点紹介します。

1点目です。終末で，地域の方に話していただく時間は，授業展開を考えると5分程度になります。しかし，地域の方の思いは熱く，5分で終われない内容になることもあります。そこで，ねらいに関わってどんな内容をどのくらいの時間で話していただくか，十分な打ち合わせをする必要があります。

2点目です。地域の方の仕事や趣味に関わる内容が多いと考えられるので，その活動をしている服装になっていただいたり，道具を使っている様子を実際に見せていただいたりすることも大切です。これは，臨場感を高めることにつながり，地域の方と自分との関わりが強くなってきます。

3点目です。授業の最後の5分前になってから地域の方に登場していただくこともサプライズでよいのですが，児童の学習ぶりを最初からじっくり見ていただき，地域の方の話の冒頭に児童の学習の姿のよさを少し価値づけてから話に入っていただくと，児童と地域の方との親近感が高まり，より効果的になることが多いです。

4点目です。ねらいに迫るために，教師が細かく地域の方に注文しすぎると話の新鮮さがなくなってしまいます。地域の方も細かすぎる打ち合わせをすると，いやになってしまわれるようです。ねらいを明確に伝え，話がずれないようにお願いして，あとは自由に熱く語っていただくことが大切になります。

5点目です。地域の方のビデオレターも効果的です。臨場感という点では，やや弱くなりますが，時間が延びるおそれがなく，ねらいに迫るためには，間違いがありません。

いずれにせよ，学級担任は地域の方と念入りに打ち合わせをする中で，本時のねらいと話す時間を伝え，授業では，熱く語っていただくことが大切になります。

地域の方を題材にした教材の授業に，地域の方の話をどのように活用すると効果的なのでしょうか。

　道徳科の授業で地域の方に協力していただくときは，終末の段階でねらいに関わる価値について，体験を語っていただくことが多いようです。

　しかし，地域の方の生き方を教材にしたときは，学習指導過程のどこで地域の方に話してもらうか工夫する必要があります。道徳科の授業の終末にすると，教材も授業の出口も地域の方の話になり，児童生徒が今後出会うであろう様々な場面，状況への広がりが難しくなるからです。

　そこで，次のような工夫をしてはどうでしょうか。

　地域の方が教材になっているので，まず，児童生徒の力でその生き方を追求し，ねらいに迫っていく学習活動を展開します。しかし，教材からの追求だけでは，十分に押さえられないところもきっと出てきます。そこで，児童生徒が価値を主体的に追求したあとに，より確かに価値を理解するために，展開前段の最後に地域の方に話してもらいます。その際，児童生徒が話し合っている内容に関連づけて話していただくことも効果的になります。

　また，終末では，学級担任が思いを込めて，本時のねらいに関わるまとめをすることが多いのですが，地域の方に，児童生徒の学習ぶりを見ていただいているので，発言内容や学習姿勢について認めや励ましをしていただくことも考えられます。「みなさんの意見を聞いていて，うれしい。」「自分のことをよく見つめている姿がすばらしい。」など，地域の方に授業でがんばる姿を認めていただくことも，実践への意欲につながります。

　ここで，避けたいことは，授業の途中でその都度「ここでは，どんな気持ちでしたか。」と地域の方に問いかけることです。児童生徒が話し合わないで，いきなり聞くことは，児童生徒が価値を追求していくことにはなりません。また，児童生徒が地域の方の気持ちを追求していって，そのあとすぐに聞くこともクイズのようになってしまいます。

　このように，児童生徒が価値を追求していくことを大切にしていく中で，的確に価値を理解したり，地域の方の認めや励ましによってより実践意欲を高めたりすることをねらいにして，地域の方と連携してはいかがでしょうか。

地域の方に協力していただいて，道徳科の授業のねらいに迫る実践がいくつか行われています。どんな指導の工夫があるのでしょうか。

次に示すのは，道徳科の学習指導過程に沿ってどんな方法で授業に活用できるか，また，地域の方とどのように連携していったらよいのかをまとめたものです。

道徳科における地域の方との連携の方法（▒▒の部分が有効）

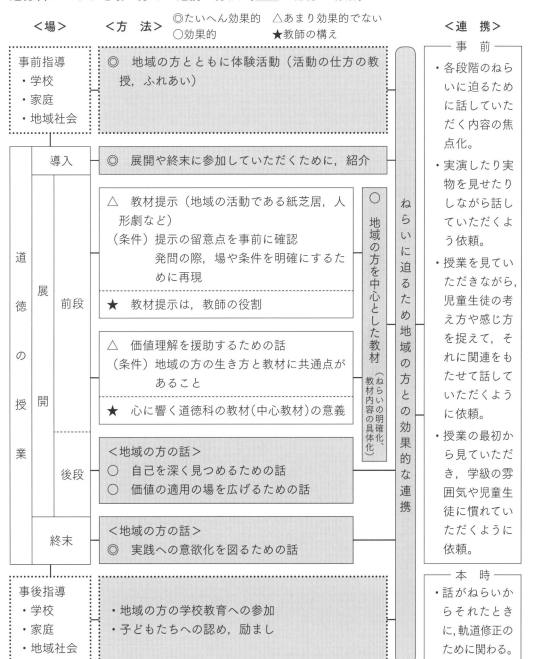

地域の方に協力していただいて、ねらいに迫っていくためには、どんなことに留意したらよいのでしょうか。

　まず、地域の方に協力していただくとき、できれば、その授業1回だけということは避け、事前に総合的な学習や特別活動等でねらいを明確にした体験活動を設けて触れ合ったり、道徳科の授業後、地域の方を学校行事に招いて触れ合ったりするなど、児童生徒の心にいつまでも残っていく地域の方との関わりを大切にしたいです。地域の方との関わりを「点」で終わらせるのではなく、「線」にしていくことで地域の方の願いや思いがよく伝わります。

　次に、ねらいに迫っていくためには、地域の方との効果的な連携が必要になってきます。次のような連携をぜひ事前にしていただき、効果をあげることも大切です。

1　学習指導過程のどの段階で、どんな内容を、どのくらいの時間をかけて話していただくのか、ねらいに即して事前の打ち合わせをします。その際、あまりに教師側から地域の方に話していただく内容を提示すると、生き生きとした話ができなくなるので、ねらいに関わるキーワードやポイントを明確にし、その点について触れていただくようにお願いします。

2　授業では、児童生徒が臨場感をもって話が聞けるように、その活動をしているときの服装になって実演したり、実物を見せたりしながら話していただくようお願いします。

3　授業の中で児童生徒の発言を聞いて、児童生徒の考え方や感じ方を捉えていただき、あとの話の中に取り入れたり、価値づけたりしていただくようにお願いします。

4　話をするとき、児童生徒に呼びかけたり考え方や感じ方を引き出したりすることが、集中して聞くことにつながることを、話しておきます。

5　話をするときにだけ、授業に入るのではなく、授業の最初から見ていただき、学級の雰囲気や児童生徒に慣れていただくようにお願いします。

6　地域の方の話がねらいからそれた場合は、話の途中で教師が入ることもあることを話しておきます。

　以上、いくつか留意することを挙げました。授業がねらいに迫れるかどうかは、地域の方との事前のきめの細かい打ち合わせにかかっています。

Q100 地域の方に協力していただくとき，展開前段までの段階で，どんな関わり方があるのでしょうか。

展開前段までの関わり方は，次の3つが考えられます。

1 導入で地域の方の紹介

導入では，時間をかけられないことを考えますと，展開や終末に参加していただくために，紹介をする程度に留めます。

2 地域の方による教材提示

地域では，読み聞かせや紙芝居，人形劇などサークル活動が盛んに行われています。このサークルの方に教材提示をしていただくことも1つの方法です。人形劇は，児童にとってたいへん興味がわき，臨場感をもって，教材を理解することができます。

しかし，教材提示の際に児童を理解するための間を取ったり，発問の際に再現をしていただいたりということまで考えると，事前に十分な打ち合わせをする必要があります。また，人形劇など，10～15分の劇をするために，場面設定等の準備が必要です。事前の打ち合わせや当日の準備の時間を考えると，実現するには，なかなか難しいかもしれません。

地域の方の教材提示は，児童にとって確かに興味のある内容ですが，上記の準備が難しいときは，教師がする方がよいでしょう。

3 価値を理解するための話

ここで地域の方に協力していただくのは，たいへん難しくなります。なぜならば，中心教材（教材）と地域の方の話の内容が非常によく似ていることが必要だからです。中心教材で十分に価値への満足感や充実感，価値への意義などが理解できないときに，地域の方の話で価値を的確に理解することになります。しかし，この場合，心に響くといわれる中心教材としての価値を考えたとき，中心教材の意義が問われてきます。中心教材によく似た内容や中心教材の意義を考えたとき，この段階での扱いはたいへん難しいと考えられます。

Q101 地域の方を中心教材にして価値理解をしていくとき、どんなことに留意したらよいのでしょうか。

　地域の方を中心教材として扱うとき、2つの方法があります。1つは、地域の方に、直接、授業でねらいに関わる内容を語っていただくこと、もう1つは、地域の方からねらいに関わる内容を取材して教材を作成し、活用することです。

　それでは、それぞれの方法において、地域の方に協力していただくよさや留意することについて、いくつか取り上げてみます。

　まず、地域の方が、ねらいに関わる内容について直接、児童生徒に語ることのよさとして、身近な人から話を聞くことで、いっそう、興味・関心が高まり、話の内容を臨場感をもって聞くことができ、意欲的に価値の追求・理解ができることが挙げられます。一方で、留意することは、話された内容をいかに児童生徒の心の中に留めるかということです。話された内容は話し言葉なので、消えていきます。話の内容を追求・理解するとき、キーワードや追求する内容をふり返ることが必要になることを考えると、それらを残しておく工夫が大切になります。具体的には、キーワード等をフラッシュカードに書いたり、ポイントをプリントにして配布したりするなどです。また、地域の方に語っていただく際に、ねらいとの関わりで、どんなことを重点的に話していただくか、事前に打ち合わせておく必要があります。この連携が十分になされていないと、話の内容がねらいからそれていってしまうことがあります。

　次に、地域の方からねらいに関わる内容を取材して教材にするときのよさとして、教材があるために足場がしっかりしていて、価値を追求・理解できることがあります。しかしながら、教材を作成するにあたっては、道徳科の教材に必要な条件を踏まえながら、地域の方から何度も取材し、何回も教材を練り直して作成していく必要があります。また、作成された教材をより実感をもって捉えられるように、授業に参加していただく中で、児童生徒の発言も聞いていただき、地域の方にどの段階で話していただくかも工夫していくことが大切になります。例えば、ねらいとする価値観を高めていき、ねらいに関わるよさを実感をもって語っていただくことで、価値理解がより確かなものになったり、児童生徒の発言のよさを捉えて、最後に語っていただいたりするなどが考えられます。

　いずれにしても、児童生徒にとって身近な人が道徳科の教材になることは、価値への追求意欲が高まることは間違いありません。2つの方法がありますが、留意することを大切にして、ぜひ、中心教材として扱う試みをしていきたいです。

Q102 地域の方の話を展開後段や終末に，どのように取り入れたらよいのでしょうか。

　地域の方の話を展開後段で取り入れるときには，自己を深く見つめるための指導・援助として話していただいたり，価値適用の場を広げるために話していただいたりと「深める」「広げる」というねらいをもたせます。教材では，ある特定の場面や状況での価値理解になるので，そこから様々な場面や状況に広げたり，また，自己を深く見つめたりするときに，地域の方の話を取り入れることが考えられます。

　具体的には，＜Ｃ　伝統と文化の尊重，国や郷土を愛する態度＞で扱うとき，中心教材が太鼓などの郷土愛や伝統芸能に関わる内容であるとします。しかし，郷土愛に関わる内容はそのほかにもたくさんあります。例えば，地域のためにごみ拾いを継続している地域の方に，その思いを語っていただくことなどが考えられます。郷土を愛する心について中心教材の特定の場や条件だけでなく，価値を適用していく場を広げていき，自己を見つめる指導・援助とすることができます。

　また，終末で，より実践への意欲を高めるために，地域の方の話を取り入れることがよくあります。この方法が，これまでの授業実践の中でいちばん多いといえます。地域の方が終末に語ることは，児童生徒にとって心に響くとともに，実践への意欲が高まることは間違いありません。しかし，留意すべきこととして，次のようなことが挙げられます。

1　終末に取れる時間は５分程度ということを考えると，事前にどんなことを話していただくか，ねらいとの関わりから十分な連携を図り，授業が延長しないようにすることを大切にします。
2　話の内容が，中心教材と同じ内容にならないこと。例えば，中学校の＜Ｃ　伝統と文化の尊重，国や郷土を愛する態度＞の教材で神楽太鼓を扱い，地域の方に，地元で伝統的に行われている太鼓の話をしてもらうことは避けなければなりません。なぜならば，自己を見つめる段階で価値の適用の場を広げた意味がまったくなくなってしまうからです。

　終末だけに，地域の方の話を取り入れることは，効果的ではありますが，５分程度だけ語っていただくためにわざわざ来ていただくのはもったいないような気がします。地域の方ももっと語りたいという願いをもっているに違いありません。地域の方の語りや地域の方を題材にした自作教材を中心教材において，２時間扱いの授業を展開していく工夫も，ぜひ，考えてみてはどうでしょうか。

Q103 道徳科の授業は，1時間でねらいに迫っていきますが，地域の方に話していただくとき，どれくらい弾力的に考えたらよいのでしょうか。

道徳科の授業は，週1回1時間行いますが，中心となる教材の扱い方によっては，1時間では収まらないことも出てきます。

例えば，地域の方に話していただいて，その中でねらいに迫っていこうとすると，1時間では難しくなってきます。1時間かけて地域の方の話を聞いて感想を少し述べて授業を終わるという授業を見たことがありますが，道徳科の授業としては，望ましくありません。あくまでも，地域の方の話を中心教材として，その内容に関わって児童生徒同士で話し合って，ねらいに迫っていくことが大切になります。

そこで，高学年や中学校では，地域の方に1時間話していただき，そのあと，その内容に関わって価値を追求していく2時間扱いの授業も考えてみてはどうでしょうか。

下のような学習指導過程において，ねらいに迫っていきますが，それぞれの段階での留意点について考えてみます。

導入では，地域の方をより身近に感じるために，地域の方の紹介をして，互いの心の交流を図ります。地域の方の話の内容には，価値がいくつも含まれていることが多いのでねらいとする価値への方向づけもします。

展開では，地域の方にたっぷり語っていただきますが，事前の打ち合わせとして，この時間のねらいやどんな内容をどんな手順で話すか，キーワードは何かを明確にしておきます。

地域の方の語りのあとに，キーワードをもとに，価値の追求・理解をしていきます。

そして，捉えた価値から自己を見つめていきます。

終末では，教師の話ではなく，地域の方に，授業を見ていただいて感じたこと（児童生徒の考え方や感じ方のすばらしさ，変容）を語っていただき，児童生徒の実践意欲を高めます。

過程	学習活動
導入	・地域の方を紹介する。 ・価値への方向づけをする。
展開	・地域の方が語る。 　（30～40分） ・価値を追求・理解 　（基本発問2，3問）する。 ・自己を見つめる。
終末	・授業を見た地域の方から話を聞く。

Q104 道徳科の授業で児童が主体的に学習するためには，どのように机列の工夫をしていけばよいのでしょうか。

　一斉授業の形式では，通常，児童は黒板に向かって座っています。いわゆる講義型という机列です。

　では，道徳科の授業で，児童が主体的に道徳的価値を追求していく机列について考えてみましょう。

　まず，動作化や役割演技を取り入れるときには，演技する場所が必要になるので，真ん中をあけるコの字型の机列にします。コの字型なので，すべての席は，真ん中を向き，児童は，ほかの児童に演技を見せることができます。しかし，すべての授業でコの字型にしてしまうと，左右の席の児童は，黒板を見るために横を向くことが多くなり，学習姿勢が悪くなってしまいます。コの字型は，道徳科の授業や話し合い活動の学級会だけの机列になります。

　低学年では，思い切って机を教室から出してしまうことも考えられます。こうすると，その場での動作化も役割演技も自由にできるようになり，思い切った学習活動が展開できることになります。しかし，机がないと45分間（50分間）体操座りでじっとしていることができない児童がいる場合，学習する雰囲気が崩れてしまうこともあります。この形態に，すべての児童が慣れるまでには時間がかかるでしょう。また，道徳科の授業のために机を廊下に出したり入れたりするのも，ずいぶん時間がかかり，低学年にとってはたいへんなことになります。

　中・高学年では，すぐに机を移動することができるので，最初は講義型の机列ではじめ，役割演技やグループ学習の際には，活動や学習の目的に応じて机列を変えることが可能になります。その際，すぐに机の移動ができるように指導を続けていくことが大切になります。

　いずれにせよ，児童が学習しやすいようにするためには，机列を固定しないで，その目的に応じて机列を変えていくことが大切になります。

Q105 道徳科の授業における個に応じた指導を充実させるために、机列表をどのように活用したらよいのでしょうか。

　机列表は，一人ひとりの道徳性を高めるための手立てとして活用されなければいけません。机列表に何も書かれていなかったり，ねらいに関わる児童の実態（行為）が書かれていたりしても，授業に生かしていくことはなかなか難しいです。そこで，この机列表の中には，研究授業でどのように児童が変容すればねらいに迫ることができたのか，教師のどのような指導・援助が有効であったかがわかるように，具体的に書いていくことが大切になります。

　机列表に記述する内容として，①ねらいに関わって気づかせたい人間理解における児童の考え方や感じ方および指導・援助　②価値理解での児童の考え方や感じ方および指導・援助　③自己を見つめた児童の反応および指導・援助が考えられます。

　具体的に，机列表への記入例を紹介しましょう。

・内容項目＜Ａ　希望と勇気，努力と強い意志＞

＜ねらい＞（中学年）

　　自分でやろうと決めた目標に向かって強い意志をもち，粘り強くやり抜こうとする気持ちを育てる。

H・T　①	K・S　②	M・N　③
みんながやらないので，という気持ちが強いので，主人公がなかなか行為に移すことができない場面での気持ちを追求する段階で意図的指名をして，その気持ちに気づかせる。（人間理解，自分との関わり）	やりとげることの充実感や満足感を十分に捉えていないので，やりきった主人公の気持ちや表情を問いかけて，そのよさを感得させる。（価値理解）	自己を見つめることがなかなかできないので，様々な場面（鉄棒，なわとび，自由勉強，手伝いなど）を例示して，自己を見つめられるようにする。（自己を見つめる）

　授業が終わってからの研究会では，授業記録に基づきながら，この机列表をもとに，教師が児童の姿を見届け，具体的な指導・援助について協議する研究会にしていくとよいでしょう。

Q106 道徳科の授業で，進んで挙手している児童ばかりをあてるのですが，それでよいのでしょうか。

　児童が意欲的に道徳科の学習に向かう姿があるときは，児童は進んで挙手をして，自分の考えや気持ちを話そうとします。でも，進んで挙手している児童ばかり指名していると様々な問題が起きます。

　どんな問題が起きるのか考えてみましょう。

　1つ目です。挙手をしていない児童の気持ちを考えてみると，「挙手をしていないので先生にあてられることはないな。」「あてられないなら，真剣に考えなくても誰かが発表してくれるだろう。」など授業に主体的に参加する気持ちが弱くなっていくおそれがあります。

　2つ目です。進んで挙手した児童をすぐに指名する授業を見たことがあります。児童は，すぐに考えられる子，ある程度時間を与えないと考えられない子など様々です。今回（平成29年）の改訂では，「考え，議論する」というキーワードが出てきました。この「考え」とは，まず自分の考えをもつことにあり，これが主体性につながっていきます。したがって，発問をしたときには，十分に時間をとって，一人ひとりが考えられるようにしていくことを大切にします。

　3つ目です。日々の道徳性を，道徳科に，補充，深化，統合するとき，児童理解を学習指導過程に生かします。したがって，進んで挙手している児童ばかりを指名すると，児童の多様な考え方や感じ方を引き出すことは難しくなります。意図的指名をしない教師は，授業のねらいに迫ることが難しいといえます。

　こうしたことから，進んで挙手している児童を指名するばかりでなく，挙手していない児童への意図的な指名も考えていく必要があります。しかし，指名の仕方によっては，道徳科の授業が嫌いになったり，二度と挙手をしなくなることも考えられます。挙手していない児童には，「（板書でまとめられた仲間の考えを示しながら）あなたは，どれに近いの？」「Aさんの考えを聞いてどう思ったの？」など，考えがある程度表出された中で指名をしていく配慮が必要です。

　また日頃から，ほかの教科でも進んで発言できるようにするなど，発言への自信がもてる指導をしていくことも大切です。

基本発問に対して，児童がよく挙手するときと，挙手の少ないときがあります。どこに違いがあるのでしょうか。

　基本発問に対して，児童が意欲的に挙手するときと，挙手しないときがあります。意欲的に挙手することができない要因として，どんなことが考えられるのでしょうか。

　1つ目は，基本発問の内容の違いです。教材の中の主人公の行為ではなく，気持ちを取り上げて，「主人公は，こんなに悲しい気持ちになっているけれど，どんな気持ちなんでしょう。」という基本発問をしてしまうと，気持ちを深く探れる児童なら意欲的に挙手をすることができますが，学級の一人ひとりが気持ちを語っていくことはなかなか難しくなります。基本発問は，基本的には，ねらいに迫っていくための場面を取り上げて，主人公の行為を捉えて気持ちを聞くことが一般的です。例えば，「おじいさんの様子を見て，主人公は，すぐに立ち上がりましたね。主人公は，どんなことを思って立ち上がったのでしょう。」というように，主人公の立ち上がった行為に関わって，そのときの気持ちを尋ねます。そのあと，気持ちの背景をさらに追求していく補助発問をして深めていくことが，一人ひとりが道徳的価値を追求し，深めていける授業につながっていきます。

　2つ目は，気持ちの尋ね方です。特に，低学年では，「どんな気持ち」と聞いても，なかなかその内容を具体的に話すことができない児童がいます。「どんな気持ち」ではなく，「どんなことを思っていたのでしょう。」「頭の中でどんなことを考えていたのかな。」「心の中でどんなお話をしたのでしょう。」など，児童が話しやすい発問を工夫することが必要になってきます。

　以上，基本発問に関わって，児童が意欲的に挙手をして価値を追求していくための手立てを紹介しましたが，気持ちを語ることがよく育っている学級は，この2点の細かい手立てがなくても意欲的に語ってきます。全教育活動を通して，様々な場面で，人や物になりきって語っていける児童を育てていくことが，相手の気持ちを推察できる児童になり，道徳科の授業で，さらに深めていける児童になります。

Q108 基本的な学習指導過程を大切にして道徳科の授業を行っていますが、児童の語りが十分ではありません。どのようにしたらよいのでしょうか。

　道徳科の時間は、「聞く」力を最も大切にしますが、「話す」力も育っていないと、価値を追求し、深めることは難しくなります。児童の語りがすぐに終わったり、仲間と関わって話したりすることができないと、教材分析でキーワードを見つけ、児童の発言に切り込んでも、考え方や感じ方を深めることになかなかつながりません。やはり、児童が素直に自分の考え方や感じ方を詳しく語る姿が必要になってきます。

　そこで、日頃から、道徳科の時間以外にどれだけ、話す力を育てられるかが道徳科の時間のねらいに迫っていくことにつながります。

　まず、児童が安心して語ることができる学級の雰囲気をつくり上げることです。児童の休み時間の様子を見ていると、友達に、笑顔でよく話しています。よくあれだけ話すことができるなと思う児童もいます。しかし、授業になると、その豊かな話を聞くことができなくなることがあります。休み時間の語りがそのまま授業に表れるよう、安心して語ることができるような学級をつくっていくことを第一に考えます。

　次に、話す力を教科の学習や朝の会や終わりの会等で意図的・継続的に育てることです。話す力を育てるためには、「話型」を段階的（めざす姿に向かうステップの具体的な姿）に示し、児童にその話型を使って語ることができるように継続的に指導し、できたら価値づけをするという繰り返しの指導を根気強くします。ここでの価値づけの方法として、その場で褒めるという方法が一般的に使われますが、言葉の価値づけなので、どれだけがんばってきたのかが確かな自信となってなかなか表れてきません。そこで、発達の段階に即して、賞状を渡してがんばってきた足跡を示すことも考えられます。

　また、児童のがんばりをより引き出すために、校長先生や学校の先生方に授業を見てもらうのも１つの方法です。児童は、授業を見てもらうことによってがんばろうという構えをもつので、その気持ちをうまく生かすことが大切になります。

　さらに、学級でがんばりきることの１つとして「話す力」を目標にし、その視点にこだわり、仲間同士助け合い、励まし合い、切磋琢磨し合うことも必要になってきます。集団の力で高め合うこともぜひ大切にしたいものです。

Q109 道徳科の授業で，数人指名やまわし発言は効果的なのでしょうか。

　道徳科の授業で，基本発問のあとに教師がまとめて数人指名して児童が順に発言したり，教師が指名すると，その児童が次の児童を指名し，しばらく指名し続けたりする（まわし発言）授業を見ることがときどきあります。

　数人指名やまわし発言について考えてみましょう。

　まず，数人指名について考えます。基本発問のあとに，教師が数名の児童を指名し，主人公の考えや気持ちを発言させます。1人目の児童は，問題はないのですが，2人目からは問題が出てきます。ここで，指名された児童の発言する前の気持ちを考えてみましょう。「ぼくは，○○の気持ちだけれどどうやって話したらいいのかよくわからない。」「もうすぐ私の番になるな。とても緊張するな。」など，自分が発言することに意識がいき，前に発言した児童の内容については，発言内容を聞いていないことが多いのではないかと思います。したがって，道徳科の特質である他者理解ができにくく，仲間と比べることなく自分の発言をしてしまいがちになります。数人指名する意図の説明と，教師から数人指名するとき「必ず前の児童の発言と比べて話しなさい。」という継続的な指導をするのであれば問題はありません。

　次に，まわし発言について考えます。まわし発言は児童同士が指名するので，児童は発言することに意欲的になりますが，教師が意図的に指名したい児童がいても指名することができなくなります。そのために，時間がかかるということもありえます。しかし，少人数の学級ですと，まわし発言をしながら，さらに，教師が意図的に指名して，考え方や感じ方を引き出していく時間を生み出すことができます。

　このように，数人指名やまわし発言は，授業でねらっていること（仲間と比べて話す）を児童に理解させたり，ねらいに迫るための意図的指名をしたりすることを大切にするならば，活用できる指導方法と考えられます。

Q110 道徳科の授業におけるT・Tの効果的な指導として、どんな指導方法が考えられるのでしょうか。

　道徳科の授業における指導にあたっては，小学校の学習指導要領に「校長や教頭などの参加，他の教師との協力的な指導などについて工夫し，道徳教育推進教師を中心とした指導体制を充実すること。」（「第3章　特別の教科　道徳」の「第3　指導計画の作成と内容の取扱いの2」）と挙げられています。ここでは，ほかの教師との協力的な指導（T・T＝チーム・ティーチング）について，効果的な指導を紹介します。

　T1が発問，T2が板書をする協力的な指導を見たことがありますが，これは，1人の教師がこれまでやってきたことであり，あえて2人でする必然性はないと考えられます。そこで，協力的な指導として効果的であると考えられるものを挙げてみます。

- 主に低学年の教材提示……絵話やペープサートなどでの教材提示よりも，教師が2人で劇化して，教材提示をする方が教材の内容を理解しやすい場合。
- 児童の考え方や感じ方の把握と意図的指名……児童が基本発問についての考え方や感じ方をノートなどに書いた内容を2人で分担して机間指導をして，把握し，それをもとに打ち合わせの上，意図的指名をし，多様な考え方や感じ方を引き出したりねらいに迫ったりする場合。
- 役割演技での演技者および問いかけ……教師（T2）と児童（主人公）とが役割演技を行い，その発言内容からねらいに迫る発言を教師（T1）が引き出す場合。
- 終末における教師の話……T2が体験談をする場合。

　いずれにせよ，2人の教師が指導するということは，1人よりも必ず効果的である必要があるとともに，「一人ひとり」への考え方や感じ方を深めるための指導がいっそう求められます。

　T・Tの指導をすることでなく，T・Tの指導を通して道徳性を育成することが目的でなければなりません。

Q111 深い学びにつながる３つの指導方法について，どのように考えたらよいのでしょうか。

「道徳教育に係る評価等の在り方に関する専門家会議」で，道徳科における質の高い多様な指導方法として，３つが例示されました。それが，「読み物教材の登場人物への自我関与が中心の学習」，「問題解決的な学習」，「道徳的行為に関する体験的な学習」です。

では，この３つの方法や関連について考えてみましょう。

まず，「読み物教材の登場人物への自我関与が中心の学習」です。この学習は，教材の主人公を中心にした登場人物の考え（判断）や気持ち（心情）を自分との関わりで多面的・多角的に考えることを通して，道徳的諸価値の理解を深める学習です。この学習は，これまで多く取り入れられてきました。

次に，「問題解決的な学習」です。児童の考えの根拠を問う発問（どうしてそう考えたのか）や問題場面を自分にあてはめて考えてみるように促す発問（自分だったらどう考えるか）などを通して，問題場面における道徳的価値の意味を考える学習です。

最後に，「道徳的行為に関する体験的な学習」です。疑似体験的な活動（動作化や役割演技など）を通して，実際の問題場面を実感をともなって理解することで，様々な問題や課題を主体的に解決していく資質や能力を養う学習です。また実際に体験をする中で，考え方や感じ方を深めていく学習です。

それぞれの特長を示しましたが，「今日は問題解決的な学習でやります。」「今日の授業は体験的な学習でした。」と分けて考えるのではなく，３つの指導方法を組み合わせながら道徳科の学習を展開することが大切です。３つの指導方法を分けて考えると，指導方法が目的になっていくおそれがあります。あくまでも，児童の道徳性を育成することがねらいなので，そのねらいの達成に向かって，多種多様な指導方法は手段として活用していかなければなりません。

Q112 今回（平成29年）の改訂で、対話的というキーワードが出てきました。どんなことに留意したらよいのでしょうか。

　今回の改訂で、対話的というキーワードが出てきて、対話するときの多様な指導方法が求められることになりました。つまり一斉学習からの脱却をしていく必要があります。そこで、指導方法として、ペア学習やグループ学習が考えられます。

　では、そのねらいと留意することについて考えてみましょう。

　まず、ペア学習です。ペア学習とは、2人で互いの考えを出し合い、自分の考えを深めたり、広めたりする学習です。「なぜ、ペアなのですか。」とほかの先生に聞かれたら、どのように答えますか。ペア学習を活用するよさを捉えておく必要があります。

　一斉で授業をしているときの児童の意識をさぐってみると、「手を挙げている子が話すからいいだろう。」「ぼくは、手を挙げていないので多分あたらないだろう。」など、教師の問いに対して、積極的になっていない児童も出てきます。しかし、ペア学習の場合、自分の考えを相手に伝えなければならないので、必ず考えなければなりません。そして、それを相手に伝えるという表現力が必要になってきます。また、相手の考えに対して応えなければならないので、相手の考えをよく聞かないといけません。

　このように、ペア学習では、常に、「考えて話す」「聞いて考えて話す」ということを繰り返します。ぼーっとしている時間はまったくありません。「主体的」「対話的」な活動が継続されていくことになります。

　次に、グループ学習です。グループ学習とは、一人ひとりが自分の考えをもって、4～6人のグループで話し合い、考えを深めたり、広めたりする学習です。ペア学習のよさに加えて、人数が多いだけ、多様な考え方や感じ方に出会うよさもあります。つまり、他者理解の多様性につながっていきます。

　このようなペア学習とグループ学習のよさを生かして、実際に効果的に活用するには、児童がその学び方を習得していく必要があります。道徳科の時間だけでは、学び方は身に付きません。日頃から道徳科の時間に活用できるように、教科の学習の中で、学び方を身に付け、そして、道徳科の時間に学び方を深化、統合していくことを大切にしていかなければなりません。

Q113 価値理解に向かうときのペア学習やグループ学習で留意することを教えてください。

　人間理解でのペア学習やグループ学習は，自己理解から他者理解をしながら確かな自己理解をするので，どのような発言内容でも構いません。

　しかし，価値理解では，価値に向かう発言を引き出さないと価値理解に到達することはできません。そこで，留意することを考えてみましょう。

　まず，内容項目には，価値を支えるいくつかの要素があり，それに気づかせることが価値を理解することにつながります。ペアやグループで話し合うときに，その要素が多様に表出されるとそのよさに気づきやすくなります。したがって，価値理解では，ペアよりもグループでの学習の方が効果的ということになります。

　次に，グループだけで，確かな価値理解はなかなかできませんので，グループ学習のあとに，全体で価値観を深めていくことが必要になります。その際，価値観を深める指導・援助を具体化していくことが大切になります。

　また，グループ学習に時間がかかると，1時間でまとめていくことも難しくなるので，基本発問の精選をしなければなりません。必ず，指導方法の工夫と基本発問の精選によって，1時間でねらいに迫る授業を成立させることをめざします。

　最後に，グループ学習のあとの発表では，グループで話し合われたことをまとめるのではなく，自分の考え方や感じ方が価値に向かってどのように深まったかを話します。したがって，話し方の学業指導として，「自分は○○の考えだけれど，それに加えて○○の考えも大切であることがわかった。」「○○さんの発言を聞いていると，自分の考えとよく似ていて，ますますその考えが大切であることがわかった。」「○○さんの話を聞いていると，自分の考えも大切であるけれど，○○さんの考えの方がもっと大切であることがわかった。」など，価値に向かう発言の仕方を身に付けていくことも，児童が主体的に価値理解をしていく姿になっていきます。

Q114 価値理解に向かうペア学習で,「議論する」を意識した指導の工夫について教えてください。

児童が意欲的に仲間とともに話し合うためには,互いの考え方や感じ方に違いがあること,話し合う必要があることが前提になってきます。

まず,互いの考え方や感じ方が違っていることについて考えてみましょう。互いの考え方や感じ方が違うことで意識が働き,話し合うことへの意欲も高まります。

では,具体的な事例を挙げて考えてみます。「主人公は,最初ガラスを割ったことを話すことができなかったのに,どうして自分からお母さんにガラスを割ったことを話したのでしょう。」と価値理解をする発問をして,隣同士で話し合うことを指示します。ペアが互いに同じ考えですと,話し合うことの意欲が高まらず,すぐに話し合いが終わってしまいます。もちろん,学級経営の中で,話し合うことへの意欲が高く,さらに,ほかの考えを追求していこうという児童が育っていれば問題はありません。

学級のペアは,隣同士がすべて異なる考えということはありませんので,あるペアは意欲的に追求し,あるペアはすぐに話し合いが終わってしまうということが起きます。したがって,すべての児童がペア学習において意欲的に話し合うことは難しいということになります。基本発問をして,すぐに隣同士のペアの交流はあまり効果的ではないということになります。

そこで,次に,隣同士のペアに話し合いの必然性をもたせていくということを考えてみましょう。価値理解の基本発問なので,教師はこの発問で児童からどんな考え方や感じ方を引き出すかを描いていなければなりません。それがないと児童の反応を黒板に書き出しているだけになり,価値観を高めることはできません。もっと,具体的にいうと,「ここでは3つの内容を引き出したい。」という教師の指導の構えができていれば,こんな問いかけをしてはどうでしょうか。「これから隣同士で話し合ってもらいますが,ここでの大切な考えは3つあります。隣同士でその3つの考えを見つけ出してください。」というように,話し合いのゴールを示し,そこに向けて話し合わせます。児童は,3つの内容を見つけ出そうとして意欲的に価値を追求していきます。

Q115 価値理解に向かうとき,ペア学習やグループ学習のほかにどんな指導方法があるのでしょうか。

　価値理解に向かうときに,グループ学習のよさをQ113で紹介しましたが,さらに,トライアングル交流という指導方法を紹介します。

　トライアングル交流とは,全体の場で,考え方や感じ方が異なる3人の児童が話し合って考え方や感じ方を深め,その話し合いを聞いていたそのほかの児童がさらに考え方や感じ方を深めていく指導方法です。

＜指導方法＞	＜ねらい＞
○価値理解に関わる基本発問をする。	○価値理解に関わる考え方や感じ方をもたせる。
○多様な考え方や感じ方を引き出し,板書で整理する。(できるだけ時間をかけない)	○表出された価値に関わる考え方や感じ方を整理する。
○考え方や感じ方が異なる3人の児童を指名し,話し合わせる。	○3人の児童で考え方や感じ方を深める。
○話し合いを聞いていた他の児童に考え方や感じ方を交流させる。	○深まった考え方や感じ方をさらに深める。
○考え方や感じ方を深めるための補助発問をする。	○考え方や感じ方をねらいから確かに深める。
○児童に自分との関わりで考えの変容を発表させる。	○確かな価値理解を見届ける。

　こうした指導方法は,活用することが目的ではなく,児童の考え方や感じ方を深めることがねらいであるのはいうまでもありません。

Q116 トライアングル交流で，3人を指名しますが，どんな児童理解から意図的に指名したらよいのでしょうか。

　トライアングル交流では，基本発問をしたあと，3人を指名し，教師がねらいに関わる考え方や感じ方を広げたり深めたりしていきます。では，どんな児童理解で意図的に指名していくのか考えてみましょう。ここでは，2つの方法を紹介します。

　1つ目です。基本発問をしたあとの児童の反応を生かして，意図的に指名する方法です。基本発問をしたあと，児童理解をもとに，意図的指名し，3つの異なる考え方や感じ方を引き出し，その反応を整理して板書します。そのあと，板書に書き出した異なる考え方や感じ方の児童を指名し，話し合わせます。

　具体的な場面で考えてみましょう。内容項目＜B　親切，思いやり＞での価値の意義を理解する基本発問「あんなに迷っていたのに，親切にしたのはどうしてでしょう。」をします。児童の反応として，「相手のつらい気持ちがよくわかる。」「恥ずかしいけれど勇気をもって助けないといけない。」「自分も疲れているけれど助けなくてはいけない。」という3つの内容を引き出し，それぞれの考え方や感じ方をもとに話し合い，価値の意義について深めていきます。

　2つ目です。本時のねらいに関わる日常の道徳性を生かして，意図的に指名する方法です。先ほどの＜B　親切，思いやり＞で考えてみましょう。この内容項目に関わって日頃の道徳性を捉えると，「親切にすることを敬遠しがちな児童」「親切にできたりできなかったりする児童」「親切を進んでする児童」など，「親切にできない」から「親切を進んでする」の段階で，異なる児童を意図的に指名していき，考え方や感じ方を深めていきます。

　2つの方法を紹介しましたが，大切なことは，3人の考え方や感じ方が異なっていることです。考え方や感じ方が異なっていないと話し合う必然性が生まれません。そして，他者理解をしながら深めることはできなくなります。

　児童が意欲的に価値を追求するために，3人を指名する際，異なる考え方や感じ方になることを意図して，指名することが大切になります。

トライアングル交流を聞いているほかの児童への具体的な指導・援助は，どのようにしたらよいのでしょうか。

　トライアングル交流で特に大切にしたいことは，3人の交流を聞いているほかの児童の考え方や感じ方がどのように深まったのかを見届け，ねらいに迫るための指導・援助をしていくことです。そこで，3人の交流を聞いているほかの児童への指導・援助について具体的に考えてみましょう。

　はじめに，3人の交流を聞いている一人ひとりの児童は，自分の考え方や感じ方と比べてどこが違うのか，どこが同じなのかを考えることから始まります。これは，自分との関わりにもなります。したがって，具体的な指導・援助として，「3人の交流を聞いて，自分とどこが違うのか，どこが同じなのか考えてください。」と問いかけます。

　次に，3人の交流が始まる前の基本発問での自分の考え方や感じ方が3人の交流を聞いたあとに，どのように変わったのかが表出されると，一人ひとりの考え方や感じ方の変容がよくわかってきます。したがって，発表するときの学業指導として，「はじめは，○○の考えだったけれど，3人の交流を聞いているときのAさんの△△の考えを聞いていて，今は，□□の考えになっています。というように発表してください。」と投げかけます。この発言は，「考え，議論する道徳」の子どもの発言になります。「はじめは」は自己理解であり，「Aさんの△△の考えを聞いていて」は，他者理解になり，「今は□□の考え」は，確かな自己理解ということになります。

　最後に，3人の交流とそれを聞いていた児童の発言でねらいに迫ることができれば，教師が本時の価値をまとめていくことになります。しかし，価値に関わる考え方や感じ方が十分に深まっていない場合は，教師の指導・援助が必要になります。その指導・援助として，教材の中のねらいに関わるキーワードを問いかけたり，児童の発言を捉えて切り返したりしていくことになります。教材分析する力の見せどころになります。

　トライアングル交流が形式的にならないようにするためにも，必ず考え方や感じ方を深めるための指導・援助の具体化が要求されます。そのために，教材分析を十分にして授業に臨むことが求められてきます。

Q118 トライアングル交流を道徳科にすぐに導入してもなかなかうまくいきません。どうすればよいのでしょうか。

　道徳科の授業は1週間に1時間しかありません。したがって、新たな指導方法をいきなり導入してもうまくいかないことは当然です。そこで、新しい指導方法に児童が慣れていくことが大切になります。

　それでは、どのようにすれば児童が新しい指導方法に慣れていけるのかを具体的に考えてみましょう。

　いきなり3人が全体の場で交流することになると、抵抗のある児童も多いと思います。そこで、最初に、6人のグループでミニトライアングルをやってみてはどうでしょうか。朝の会や終わりの会を活用して行います。また、国語科や社会科の時間にもできそうです。

　もう少し、具体的に考えてみましょう。集団登校の班長（6年生）の場合を例として考えてみます。「1年生を学校まで無事につれてくるには、どんなことが大切ですか。」と問いかけます。まずグループの中の3人の児童が立って、それぞれの考えを交流します。考えとして、「安全につれてこないといけないから、横断歩道の渡り方を教えたり、道路の真ん中に飛び出さないように注意したりします。」「ゆっくりしか歩けない1年生もいるので、1年生を励まします。」「班長の私だけでは無理なときがあるので、副班長やグループのみんなにも呼びかけます。」など、自分の考えをもって交流が始まります。ミニトライアングルなら、3人の話を聞いているのは、残りの3人だけなので、大勢の前で発言するのが苦手な児童でも抵抗なく、意見や考えを言うことができます。

　しばらく交流したあと、それを聞いていた残りの3人がその考えをさらに深めていくことになります。「励ますだけでなく学校に楽しく来られるような工夫もします。」「笑顔が大切なので、私も笑顔で来ます。」「1年生の気持ちをよく聞きます。」など1年生への思いやりの心をもって接していこうとする考えが出てきて、深まっていることを感じます。

　教師がここで、1年生への関わり方を具体的に引き出したいなら、「1年生の子にどんな声をかけますか。」という問いかけの指導・援助をすることも大切になります。また、最初の3人に「3人の発言を聞いていて、今、どんな考えになっていますか。」と問いかけることで、最初の3人の深まりを引き出すこともできます。

　いずれにせよ児童の考え方や感じ方の深まった姿を思い描き、どんな指導・援助をするとよいか具体化していくことが必要になります。こうしてミニトライアングルで3人で話すことや人前で発表することに慣れてきたら、本格的なトライアングル交流にステップアップするとよいでしょう。

Q119 道徳科で書く活動を取り入れたいのですが，何年生から始めればよいのでしょうか。

まず，書くことが目的ではなく，方法であることを押さえておくことが必要です。書く活動を通して，道徳科の特質である人間理解，価値理解，自己を見つめることをしていくことになります。

では，何年生から始めればよいのでしょうか。書くことが目的ではなく，書くことを通してなので，書くことが全員の身に付いていないと，道徳科の特質に迫ることはできません。

したがって，国語科の時間に，どの児童も書けるようになってから，道徳科の時間に書く活動を取り入れていくことになります。「道徳科は書くことがあるから嫌い。」という気持ちになってしまうと，指導の工夫としての書く活動が逆効果になってしまうので，1年生に1学期の最初から書かせるのは，かなり難しいのではないでしょうか。2年生の後半になってくると，児童全員が書けるようになり，書く活動が取り入れられるのではないかと考えます。しかし，何年生からと決めつけるのではなく，児童全員が自分の考えを書くことができるようになってから書く活動を取り入れたいものです。

でも，一人ひとりの評価を考えると，1年生でも書いて，何かの形で記録に残していきたいという思いもあります。そこで，書く活動は取り入れますが，文章で書かなくても活用できるワークシートの工夫も考えることができます。例えば，「主人公は，このとき，どんな顔をしているのでしょうか。顔を描いてごらん。」と言って，主人公の表情を通して今の気持ちを考えることもできます。あらかじめワークシートに顔の輪郭をかいておき，その中に目や口を入れて表情をつくり，どんな気持ちでいるのかを引き出していきます。ただし，目や口を入れるとき，どんな目や口のときに，怒っているのか，笑っているのかなどの具体的な描き方については，事前に指導しておく必要があります。

このように，すべての学年において，何かの形で書くということは取り入れられます。しかし，書くことが目的ではなく，書くことを通して道徳科の特質に迫っていくことを忘れてはなりません。

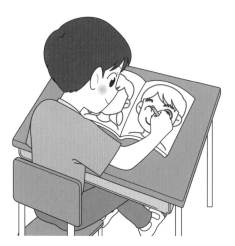

Q120 道徳科で書く活動を取り入れたいのですが、学習指導過程のどの段階で取り入れればよいのでしょうか。

　まず、1時間の学習指導過程で書く活動にどれくらいの時間を割くかということです。道徳科では、中心となる学習活動は、「話す・聞く」です。したがって、1時間の中で、何回も書く活動を設けるわけにはいきません。

　では、学習指導過程のどの段階で設けるとよいのでしょうか。ここは、一人ひとりに考えをもたせるためにというねらいであるならば、つまり「考える道徳」の「主体的に」のところになります。考えをもつために書く時間を確保するのだから、児童一人ひとりにじっくり考えさせ、自分の考えを確かにもたせたいところで書く活動を設けることが効果的になります。

　例えば、感想や人間理解の基本発問の段階では、自分の考えをもって挙手することが多いのですが、価値理解の段階では挙手が少ないという学級の実態ならば、価値理解の基本発問の段階で書く活動を取り入れます。自分の考えを確かにもって書いた内容をもとに話し合っていくと、意欲的な追求ができることになります。

　また、自己を見つめる段階でじっくり自己を見つめさせたいという教師のねらいがある場合は、ここで書く活動を取り入れることが効果的になります。また、自己を見つめる段階では、内容項目によっては仲間の前では話しにくい内容もあります。そこで、書くことによって自己を深く見つめるという活動を取り入れていかなければならないこともあります。

　教師は学級の実態を捉えてねらいを確かにもち、児童が意欲的に価値を追求し、自己を深く見つめるために、どこで書く活動を取り入れるとよいのかを吟味する必要があります。そして、主体的な学びやじっくり自己を見つめることにつなげることが大切になります。

　ただし、書く活動が1時間に2回あると、道徳科の中心となる「話す・聞く」の時間が少なくなります。「ここでこそ」という思いを大切にして、書く活動を取り入れていきたいものです。

Q121 道徳科で自己を見つめるときに、道徳ノートを活用したいのですが、どんなことに留意したらよいのでしょうか。

　道徳ノートにどんな要素を盛り込むのかがポイントとなります。いちばん大切にしたいのは、自己を見つめるとき、児童がどんな視点をもったらよいのかがわかることです。

　そこで、道徳ノートに、「自己を見つめる」ときにめざす児童の姿に高まるまでの段階（行為、行為＋考え＋気持ち、今思うと、考えや気持ちの傾向性、課題等）を設定すると、これが、視点となって児童は自己を見つめることができます。

　自己を見つめることが目的の道徳ノートですが、児童一人ひとりを見ていますと、書くことがあまり得意でない児童もいます。そこで、児童に配付する道徳ノートをすべて同じノートにしない工夫も考えられます。具体的に考えてみましょう。

　まず、先ほどの視点（ノートの表現にすると、「いつ」「どこで」「どんなことを」「そのときの気持ちや考え」「今、思うと」「自分の課題は」）を設定して、自由に記述していくノートが考えられます。一般的に活用されている道徳ノートです。

　ここから、少し工夫したノートを考えてみましょう。例えば、主人公との関わりを大切にしながら、主人公に手紙を書いて自己を見つめていくことも考えられます。そこで、道徳ノートに、手紙の書き出しを書いておきます。

　具体的には、「主人公の〇〇さん、あなたから△△のことを学びました。実は、私もね……。」というような書き出しです。ここで、留意しなければいけないことは、主人公に手紙を書きますが、感想だけを書いていては、自己を見つめることにはなりません。必ず、「私も、よく似たことがあったよ。」とか「主人公の〇〇さんのように、私はできなくて……」というように自己を見つめる内容が書けるように工夫しなければなりません。

　また、先ほどの自己を見つめる視点を項目として起こし、その内容を箇条書きにすることも考えられます。箇条書きの内容には、できたことだけでなく、できなかったことも書けるようにします。最終的に、課題を見つめるためです。

　このように、書くことへの学習スタイルの個性を生かして、道徳ノートの工夫をすることも考えられます。

Q122 道徳ノートには,どんな朱筆を入れたらよいのでしょうか。

 児童が意欲的になったり,その教科の力をつけたりするために,教師は学習プリントに朱筆を入れることを日々継続しています。道徳ノートにおいても,教師が朱筆を入れることによって,児童が自己を見つめることに意欲的になったり,自己をより深く見つめたりすることにつながります。(自己を見つめる段階での活用)

 具体的に,例を挙げて紹介しましょう。

 中学年「みんなのわき水」＜C　規則の尊重＞での自己を見つめた児童の姿です。

> 　私も,休み時間に手洗い場に行ったとき,ごみが詰まっていることがありました。汚いと思ったけれど,友達との約束があって急いでいたので,そのままにしてしまいました。

 どのような朱筆を入れたらよいでしょうか。望ましくない朱筆として,「これからどうしたらよいですか。」「よく自分を見つめましたね。」が挙げられます。前者の望ましくない点は,これからどうしたらいいのかという具体的な行為を聞いています。これは,学級活動での授業の出口で問う内容になります。こうした朱筆をいつも書いていますと,いつも「がんばりたい。」「こうしていきたい。」という形式的なふり返りにつながります。朱筆がこれからどう書いたらいいのかという方向性を示すからです。

 後者については,見つめたことを価値づけた内容ですが,どんな見つめ方がよかったのかまで具体的に記述していないため,児童がより深く見つめていく姿まで高まりません。

 そこで,次のような朱筆を入れてはどうでしょうか。「友達との約束があって急いでいたという気持ちまで見つめられましたね。手洗い場のほかでは何か思い出せませんか。」「友達との約束があって急いでいたという気持ちまで見つめられましたね。そのことを思うと,今,どう思っていますか。」前者は,行為だけでなく,そのときの気持ちまで見つめていることを価値づけ,価値の適用の場を広げる指導・援助をしています。後者は,そのときの気持ちまで見つめたことを価値づけ,さらに,そのときのことを今はどう思うかまで問いかけ,より深く見つめるように指導・援助しています。

 このように,朱筆の心構えとして,自己を見つめた内容を具体的に価値づけ,さらに,深く見つめるための指導・援助を記述していくことが大切になります。

今回（平成29年）の改訂で，体験的な学習が多様な指導方法の１つの例として挙げられました。どのように考えたらよいのでしょうか。

　今回の改訂で，体験的な学習が多様な指導方法の１つとして挙げられました。そこで，体験的な学習の意味について，また，体験的な学習を活用をするにあたっての留意点について考えていきましょう。

　体験的な学習は，大きく分けて２つあります。１つは，これまでの道徳科の学習で活用されてきた疑似体験的な学習です。つまり，動作化や役割演技のことを指します。もう１つは，道徳科の授業に直接体験を取り入れる学習です。どちらの学習においても大切なことは，体験をすることではなく，体験を通して児童の道徳性を育成することが目的だという点です。

　もう少し，具体的に考えてみましょう。動作化や役割演技については，これまでも指導方法の１つとして低学年を中心に活用されていました。今回の改訂ではさらに，動作化や役割演技を演じている児童への指導・援助だけでなく，見ている児童への考え方や感じ方を深める指導・援助を具体化していくことが課題であると示しています。

　体験を導入に取り入れることについては，たとえば「ふろしき」（中学年）という教材がありますが，ふろしきを使ったことのある児童はあまり多くないと予想できるので，授業の中で，ふろしきで物を包んだり結んだりを体験することで，教材におけるねらいを追求していくことが考えられます。

　また，体験を展開後段に取り入れることも考えられます。内容項目＜B　礼儀＞の授業の展開後段で，実際にあいさつをしてみて，あいさつをすると互いに気持ちがよくなることを感得します。ここでの体験は，決して行為を求めているのではなく，行為を通して考え方や感じ方に気づかせることがねらいになっています。

　一方で，アイマスク体験，車いす体験などをして，その体験に関わって考え方や感じ方を深めていくことも考えられます。ただ，授業では話し合う時間や体験の時間に限りがあり，十分に体験ができない中で考えや気持ちを深く考えていくことは，なかなか難しくなってきます。また，道徳科の授業にこうした体験を取り入れるときは，道徳科と総合的な学習の時間の関わりも考えていかなければなりません。

　いずれにせよ，体験を通して，児童の考え方や感じ方をどのように深めていくかを大切にして，授業に取り入れていかなければなりません。

Q124 動作化をするときに、どんなことに留意したらよいのでしょうか。

　動作化と役割演技の違いは、動作化は言語活動がなく、役割演技は言語活動がある点です。動作化も役割演技もなりきって活動することから、自分との関わりをもつことができる有効な学習活動です。

　では、動作化から考えてみましょう。まず、児童が主体的に動作で表すことを考えると、座って動作化をするのではなく、立って体を使うことに留意します。

　例えば、低学年の「かぼちゃのつる」＜Ａ　節度、節制＞で考えます。これは、かぼちゃがつるを伸ばしたのはいいのですが、度を過ごして、となりの畑に入ったり、道路を横断したりした結果、つるが切れてしまってつらい思いをしてしまうというお話です。

　まず、かぼちゃがつるを伸ばすことは楽しい、気持ちがいいという思いにするために、「かぼちゃさんは、つるを伸ばしていきます。みなさんは、かぼちゃさんになってつるを伸ばしてみましょう。」と呼びかけます。ここで、座っていては、自由につるを伸ばすことはできません。自分の席から立って、そこから、かぼちゃになってつるを伸ばしていきます。伸ばし方がわからない子のための指導・援助として、教師もかぼちゃになりきってつるを伸ばすこともいいでしょう。さらに、「かぼちゃさんは、どんな顔をしていますか。」「かぼちゃさんは今、どんな気持ちですか。」などと問いかけ、かぼちゃのつるを伸ばすことの気持ちよさ、楽しさを動作化を通して、味わいます。

　動作化をするときの指導・援助としては、手や足の動き、顔の表情を意識させます。その動きや表情には、主人公や登場人物の考えや気持ちが表れてきます。そして、指導・援助として、主人公や登場人物の気持ちを問いかけます。

　もちろん、この動作化を道徳科の時間にいきなりやってもなかなかうまくいきません。日常から動作化に慣れていくことが大切になります。朝の会や帰りの会、国語科の時間等にも動作化を取り入れ、慣れていくことが道徳科の時間にも生きてくるのではないかと思います。

役割演技で望ましくない問いかけには、どんなものがあるのでしょうか。

　みんなの前での役割演技が3、4組続き、そして、その演技の表現を教師が価値づけたあと、ねらいに関わる内容をまとめる道徳科の授業をよく見ることがあります。よくない言い方をすると、役割演技の発表会で表現力のよさを認め、教師が価値の押しつけをしているということになります。また、役割演技をすることが目的になっているといってもよいでしょう。

　役割演技は、どんなことを目的としているのでしょうか。ねらいに関わって多様な考え方や感じ方を表出して、他者理解を通して自分との関わりで人間理解や価値理解をするための手段です。

　そこで、学級集団で人間理解、価値理解、他者理解を深めていくためには、役割演技で演じている児童の考え方や感じ方も大切ですが、もっと大切なのは、その役割演技を見ている児童のねらいに関わる考え方や感じ方がどうなっていったのかを表出させていくことです。

　では、役割演技を見ている児童に、教師はどんな問いかけをすればよいのかを考えてみましょう。

　まず、望ましくない問いかけから考えてみましょう。役割演技が終わったあとに、「今の役割演技を見て、どう思いますか。」と問いかけたとします。児童は、どのように反応するでしょうか。この問いかけは、ねらいに関わる反応も出てきますが、ねらいとずれた反応も出てきます。

　例えば、「みんなに聞こえる声で、なりきって話していたのですごいと思いました。」「なりきって主人公の気持ちを詳しく話していたのですばらしいと思います。」など、なりきることや詳しく話していたことへの考えは、演技の感想に過ぎず、ねらいとずれた反応といえます。

　それでは、ねらいとする価値に関わる反応を引き出すために、どのような問いかけにしていったらよいのかを、次のQ126で考えていきましょう。

Q126 役割演技を見ている児童に、ねらいに迫るための問いかけをするとき、どのようにしたらよいのでしょうか。

　役割演技を見ている児童の考え方や感じ方がどのように深まっていったのかを表出できるような問いかけを具体例を挙げて考えてみましょう。

　低学年「はしのうえのおおかみ」＜Ｂ　親切、思いやり＞で、橋の上で、くまに出会って親切のよさがわかったおおかみが、これまでうさぎを追い返していたが、うさぎを抱っこして橋を渡します。ここでは、親切にすることのよさに気づかせるために、おおかみがうさぎを抱っこして橋をわたす場面を役割演技をします。

　児童が役割演技をしたあと、「役割演技を見て、どう思いましたか。」と問うと、「上手だった。」「なりきってやっていた。」などの反応が返ってくることがあります。

　そんな反応にならないためにも、「おおかみは前と違ってうさぎを抱っこして、親切にしましたね。親切にするのを見ていて、どんなことを思いましたか。」と役割演技を見ている児童に問いかけます。「親切にするのを見ていて」と内容と場面を限定しているので、児童の反応がここでのねらいからずれていくことはありません。児童は、「親切にすると、おおかみもうさぎも笑顔になる。」「おおかみは気持ちがいいし、うさぎはうれしい。どちらも気持ちがいい。」など、親切にした方もされた方も気持ちがよくなるという親切にすることのよさに気づくことになります。

　また、もう少し具体的に問いかけるならば、「おおかみはどんな顔をしていましたか。それを見てどう思いましたか。」と問いかけることも考えられます。児童は、「おおかみは、とても気持ちのよい顔をしていました。私は、それを見ていて親切にすると気持ちがよくなるんだと思いました。」というような反応が返ってきます。

　このように、「今の役割演技を見ていて、どうでしたか。」と問いかけるのではなく、親切に関わる内容を引き出すことができるような問いかけをしていかなければ親切にすることのよさに気づかせることができません。

　なお、「はしのうえのおおかみ」では、おおかみがくまに抱っこされ、優しさに気づく場面があります。ここでの役割演技もできます。しかし、どちらも取り入れるとなると、時間の問題が出てきます。どの場面で役割演技を取り入れるのかを決めることが大切です。

役割演技をしたあと,「このあと,どうなったかやってみましょう。」という問いかけは有効なのでしょうか。

　道徳科では,行為を求めることがねらいではなく,道徳的な考え方や感じ方を深めたり,広げたり,自覚したりしていくことがねらいなので,「どうなったか。」ということを児童が追求していくことは望ましくありません。しかし,役割演技の中で構成法として,どうなったかやってみることもあります。ただし,行為を求めるのではなく,こうした行為の背景にある考え方や感じ方を扱っていくことが必要になってきます。

　具体的な実践例を挙げると,低学年の「ゆっきとやっち」＜B　友情,信頼＞の実践で,補助発問として,「ゆっきが花の蜜をなかなか運べないとき,やっちはどうするだろうね。」という授業を見たことがあります。この授業では,やっちは,ゆっきに優しい声をかけられていっしょに飛んでいき,やっちは友達がいて本当によかったということを味わっています。そのあと,先ほどの発問に入っていきます。

　この授業のねらいは,友達同士が助け合っていくことのよさを感得することです。したがって,ゆっきがやっちを助けるだけでなく,やっちがゆっきを助けるということも大切な要素になります。つまり,助けることが双方向になって,ねらいにある助け合うことを押さえることが大切です。そこで,この発問によって,やっちがゆっきを助け,助け合うことのよさを感得していきます。ここでの児童の反応として,「蜜を運べないなら,運ぶときにいっしょに手伝うよ。だってぼくのことを思ってくれた友達だから。」「もちろん,手伝うよ。僕がおなかが痛くて困っているとき,優しくしてくれて,とてもうれしかったから。」などの反応が挙げられます。このとき,教師が何を取り上げるのかが問題になります。「蜜を運ぶのを手伝うこと」を取り上げるのではなく,「ぼくのことを思ってくれた。」「優しくしてくれて,とてもうれしかった。」など,友達を思う心や,助けてもらってうれしかった心を取り上げて,友達同士助け合うことのよさを感得することを大切にします。

　このように,児童が発言してきた行為を取り上げるのではなく,児童の考え方や感じ方を取り上げていけば,ねらいに迫っていくことができます。

Q128 役割演技をするとき,お面をかぶって演技をしているのをときどき見かけますが,お面はいるのでしょうか。

　低学年の授業を見ていると,お面をかぶってなりきって役割演技をしている子どもがいます。お面があるからなりきれるのか,お面は何のためにあるのかなど,お面の活用について考えてみましょう。

　「お面をかぶっておおかみになって前でやってくれる人?」と教師が問いかけると,どの児童も進んで挙手して「やらせて」「やりたい」と口々に言っています。しかし,前に出てきてお面をかぶるまでは勢いがよかったのですが,さあ,これから役になりきって話すという段階になると黙ってしまって,結局,何もしゃべらないで終わってしまい,席に戻っていくということがあります。これは,児童がお面をかぶることに興味・関心があって授業に参加していたということになります。こうなると,お面は授業の邪魔ということになってしまいます。

　お面は,演技を見ている児童が,演者がどの人物や動物であるかを理解することに有効に働きます。お面をかぶったからといってなりきって話すことができるかということにはつながりません。もう少し,具体的に考えてみましょう。

　低学年「ゆっきとやっち」＜B　友情,信頼＞の授業で,友達同士のゆっきとやっちが出てきますが,ゆっきとやっちはともにみつばちです。授業を展開しているうちに,どちらがゆっきでどちらがやっちかわからなくなることがあります。このとき,お面をかぶっていれば,ゆっきとやっちがはっきりします。そのほかの方法として,名札をつけて名前がわかるようにするということも考えられます。だれが演技をしているかがわかればどんな方法でもよいということです。

　お面をかぶってなりきって演技ができるのは,日頃からなりきることに慣れている児童が育っているからであり,お面をかぶっているからなりきって演技ができるわけではありません。

　演技を見ている児童に登場人物の混乱を招かないようにするために,お面をつけることが有効な活用の仕方になります。また,日々,なりきって演技ができ,語ることができる児童が育っていれば,お面はなくてもよいことになります。

16　ねらいを明確にした体験的な学習

Q129 役割演技で，教師と児童，児童と児童がするときは，それぞれどんな意図をもってすればよいのでしょうか。

　まず，教師と児童が役割演技をしているとき，どんな意図があるのかを考えてみましょう。

　1つ目です。児童に考えさせる必要がない役割は，教師が演じなければなりません。児童同士で行うと，ねらいからずれていくことが多く，役割演技をするだけに終わってしまいます。また，教師がその役をすることで，児童とのやりとりの中で児童の考え方や感じ方を広げたり，深めたりするという指導・援助ができます。

　2つ目です。児童同士で役割演技を行って，価値を追求していくことが理想的ですが，児童だけで役割演技をするのがなかなか難しいという実態では，どうしても教師と児童の役割演技を選択することになります。

　例えば，1年生の1学期では，児童と児童の役割演技は難しいと考えられます。この段階で，児童と児童の役割演技を取り入れることは役割演技が目的になり，ねらいに迫ることができなくなるからです。

　次に，児童と児童の役割演技の意図を考えてみましょう。

　それぞれの役割で考え方や感じ方を表出させたい場合は，この方法を活用します。例えば，＜B　友情，信頼＞の内容項目では，友達同士の考えや気持ちを追求していくので，どちらの役割も児童がすることが必要になります。

　こうした活用をするには，児童が役割演技に慣れるための継続した指導が必要になります。具体的には，日頃から朝の会や終わりの会等で簡単な役割演技を行います。例えば，「チャイムが鳴ったので，Aさんは運動場から急いで教室にもどらなければなりません。しかし，運動場にはボールが落ちています。Aさんは，ボールを取りに行こうか，やめようか迷っています。Aさんの頭の中では，取りに行こうと思うAさんと，取りに行かないと思うAさんが対立しています。席の右の子は，取りに行くAさん，左の子は取りに行かないAさんという役になって，これから話し合ってごらん。」と言って役割演技をするように指導します。そのあと，役割交替をして，多様な考え方や感じ方に気づかせます。

　このようなことを積み重ね，役割演技に慣れていくと，道徳科の時間に，児童と児童の役割演技が成立することになります。

Q130 高学年での役割演技は抵抗がありますが，どのようなことに留意したらよいのでしょうか。

　役割演技については，中学校の道徳科の解説書にも触れられており，低学年の授業だけで活用される指導方法ではありません。小・中学校を通して活用される指導方法であることを，まず，理解しておかなければなりません。

　では，どのように活用していったらよいのかを考えてみましょう。

　役割演技は，3つの場面で活用されることが考えられます。

　1つ目は，人間理解の場面です。主人公になりきって，わかっているけれど，なかなかできないこともあるという，人間理解に関わる多様な考え方や感じ方を表出するときに，役割演技を活用します。

　2つ目は，価値理解に迫る場面です。特に，価値の意義を理解するとき，2人でどうしてこのような行動をしたのかという価値を支える考え方や感じ方について話し合っていく役割演技です。

　3つ目は，価値理解の場面で，価値のよさやすばらしさを味わうときに活用されます。2人で役割演技を行い，ねらいとする価値のよさやすばらしさを味わい，演技を見ていた児童が考え方や感じ方を深めていくときに活用されます。

　3つの活用される場面を示しましたが，特に，1つ目と3つ目の役割演技の活用が有効と考えられます。1つ目では，主人公の迷い（行動に移そうか，やめようか）の立場を明らかにして，互いの考えを交流し，多様な考え方や感じ方に気づいていく役割演技です。3つ目は，役割演技によく慣れていて，自信をもっている児童を意図的指名し，主人公が捉えたその価値のよさやすばらしさを表出させるようにします。役割演技を見ている児童には，演技後，そのよさやすばらしさを捉えられるような問いかけをしてすべての児童がその価値のよさを感得できるようにしていきます。

　このように，多様な考え方や感じ方を引き出したり，児童の表現力を生かしたりして役割演技を取り入れることが児童の追求意欲や道徳性の高まりにつながります。

Q131 道徳科における問題解決的な学習の「問題」とは、どんな問題でしょうか。

　道徳科の問題とは、どんな問題でしょうか。
　まずは、他教科で考えてみましょう。社会科での問題は、社会的事象です。資料を提示して、資料から問題を見つけます。では、道徳科での問題は、今、社会で問題になっているいじめでしょうか。違います。いじめには、道徳的な考え方や感じ方があり、そこには内容項目がいくつも含まれています。＜Ｃ　公正、公平、社会正義＞＜Ｂ　相互理解、寛容＞＜Ｂ　親切、思いやり＞＜Ｄ　生命の尊さ＞＜Ａ　善悪の判断、自律、自由と責任＞などが考えられます。いじめる側の、どんな考え方や感じ方が問題なのでしょうか。つまり、問題は、いじめという行為ではなく、いじめの行為の中にある考え方や感じ方であり、どれを取り上げるかによって授業の展開が変わってきます。
　つまり、行為の背景にある考え方や感じ方の何が問題なのかを明確にして、問題解決的な学習をしていくことが大切になります。
　また、その問題は、生活からでも教材からでも考えることができます。
　では、生活からの問題を考えて授業展開を考えてみましょう。
　例えば、児童が自由について考えるとき、自分の好きなことがやれることが自由だという考え方や感じ方ならば、それが問題になります。そこで、導入で、児童に「自分にとって自由とはどういうことだろう。」と問いかけます。教材を通して、自由とは、自分勝手にしたいことをすることではなく、自分で決めることができるけれど、そこには責任が伴うということを捉えます。そして、これまで、自分の自由はどうであったのかについて自己を見つめていきます。
　次に、教材から問題を見つけるという授業展開も考えられます。例えば、中学年の「バスの中で」＜Ｂ　親切、思いやり＞の教材で考えてみましょう。この教材では、主人公の「わたし」は、バスに座っています。しかし、満員になり、おばあさんは若い人に押され、苦しそうにしています。バスが揺れるたびによろよろしながら席につかまって立っています。「わたし」は席を譲ろうとしますが、なかなか譲れません。ここの場面を児童が教材に正対したときに問題として見つけ、その問題を解決していく授業展開になります。この問題解決的な学習については、次のQ132でさらに詳しく考えてみましょう。

問題解決的な学習を，どのように具体的に展開していけばよいのでしょうか。

今回（平成29年）の改訂で問題解決的な学習が指導方法の1つとしてクローズアップされています。ここで留意したいことは，児童の道徳性を高めることがねらいなので，これまでの基本的な指導過程の展開と問題解決的な学習の展開を比べ，どちらが有効かを判断して，指導方法を選択することをまず考えなければならないということです。問題解決的な学習をすることが目的ではありません。

そこで，前回のQ131の続きを考えてみましょう。

教材を読み終わったあとに，主人公の「わたし」が，おばあさんに席を譲れなかったところが問題であると児童が反応してきたとき，このときの考え方や感じ方を問う基本発問をしていきます。人間理解にあたる席を譲れない多様な考え方や感じ方を引き出していきます。「わたしも座っていたい。」「他の人が替われば。」「そのうちにバスから降りるだろう。」「知らない人だから恥ずかしい。」「みんなが見ているから恥ずかしい。」などの反応が表出され，自己理解をします。

でも，主人公は，こんな気持ちがありながら「『わたし，もうすぐおりますから，ここへすわってください。』とはっきりした声で言って，自分から席を譲りました。どうして席を譲ったのでしょう。」と価値理解をする基本発問をします。この発問が問題を解決していく発問になります。「おばあさんがいつまでもよろよろして立っていてはつらそう。」（相手への深い理解）「恥ずかしがっていてはいけない。勇気をもって席を譲らないといけない。」（勇気）「自分はずいぶん座っていたので，おばあさんのことを思ったら譲ってもいい。」（自己犠牲）など，親切の価値を捉える内容を話し合いの中で見つけていくことになります。そして，親切にするには，「相手への深い理解」「勇気」「自己犠牲」が必要であることを捉えます。これが，問題の解決の答えになるわけです。

しかし，道徳科の問題解決的な学習は，解決したことをまとめるのではなく，一人ひとりが自分の問題を見つめていくことが大切です。したがって，「相手への深い理解」「勇気」「自己犠牲」の3つの視点から，自分はどんな課題があるのかを見つめていくことが必要になります。

問題を見つけ，それを解決してその内容を明確にし，そこから自分との関わりで何が課題であるのかを見つめていくことが，教材を活用しての問題解決的な学習になります。

Q133 生活から問題を見つける問題解決的な学習は、どのように展開していったらよいのでしょうか。

　Q132では、教材から問題を見つけて解決していく具体的な学習展開を考えてみましたが、今回は、生活の問題から問題を解決していく学習展開を考えてみます。

　＜A　善悪の判断，自律，自由と責任＞の内容項目で考えてみます。まず、導入です。児童に、「自由という言葉がありますが、自由とはどういうことですか。」と問いかけます。児童は、「自分の好きなことが何でもできること。」「いつでも好きなことをしていられること。」などの反応をしてきます。これだと、問題があります。この問題の解決には、教材を通して、児童が正しい自由の捉え方を見つけ出していくことが必要になります。自由とは、自分でやることを自由に決められますが、その決めたことに責任が伴うことを理解することです。これが問題を解決したことになります。次に、一人ひとりが自分が自由にしてきたことで、責任をもってやっていたかを見つめていきます。

　また、ほかの実践例として、高学年の＜B　親切，思いやり＞で考えてみましょう。導入で、「親切とはどうすることですか。」と問いかけます。児童は「相手を助けること。」「困っている人を助けること。」などの反応をしてきます。しかしながら、高学年の内容項目を見ますと、「相手の立場に立って親切にすること。」という内容が入っています。つまり、相手の立場に立つということは、必ずしも助ける行為ばかりではありません。相手が自立することを願うならば、助けないことも親切になる可能性があります。例えば、主人公が転んだ子を起こそうとしたときに、その転んだ子の母親に叱られるという内容の教材があります。母親は転んだ子を起こしませんが、その転んだ子が泣かないで自分で立ち上がってくるのをしっかりと見届けているのです。これは、その子の自立を考えたとき、助けてはいけないことになります。つまり、相手の立場に立つということは何でも行為で示すことではないということです。親切とは行為として表すという考え方から、行為に表さない親切もあるということを理解していく、つまり、どうすることが本当に相手のためになるのかを考えることができていたかを見つめていくことになります。

Q134 道徳科になり，評価が導入されます。基本的な考え方について教えてください。

　道徳科に評価が導入されました。例えば，小学校学習指導要領の「第3章　特別の教科　道徳」の「第3　指導計画の作成と内容の取扱い」の4には，「児童の学習状況や道徳性に係る成長の様子を継続的に把握し，指導に生かすよう努める必要がある。ただし，数値などによる評価は行わないものとする。」と記述されています。ここから考えたいキーワードを抜き出すと，「児童の学習状況や道徳性」「成長の様子を継続的に把握」「指導に生かす」「数値などによる評価は行わない」になります。

　では，それぞれのキーワードについて考えてみましょう。

　「児童の学習状況や道徳性」とは，道徳科の時間の学習状況と道徳性であることから，ここでの道徳性は行為ではなく，内面的資質（道徳的判断力，道徳的心情，道徳的実践意欲，道徳的態度）のことであると捉えます。

　「成長の様子を継続的に把握」は，1時間の道徳科の授業の様子を点で捉えるのではなく，道徳科の時間を計画的に実践する中で，成長の様子を捉えていくということになります。したがって，記述するときに留意することは，その時間にできたことを記述する「できました。」ではなく，これまでと比べてどんなことができるようになったかがわかる「できるようになりました。」という語尾の表現にしなければなりません。

　「指導に生かす」は，評価は，あくまでも児童の道徳性を高めることがねらいなので，児童の学習状況や成長の様子を様々な方法で捉えて見届け，その見届けから自らの指導を見直して，指導方法や指導・援助などの改善に努めることが大切だということです。まさに，指導と評価の一体化ということになってきます。

　「数値などによる評価は行わない」では，道徳性は，人格の全体に関わるものであり，数値などによって不用意に評価をしてはならないということになります。道徳科は，すべて記述式で評価することになります。

　このように，道徳科の評価は，数値化をしないで，道徳科の授業の児童の学習状況や道徳性に係る成長の様子を継続的に捉えて記述することであり，それを生かして，指導の改善に努め，児童の道徳性を高めていくことが大切になります。

18　評価のねらいと具体的な記述

道徳科の評価は，道徳科の授業の児童生徒の成長の様子を記述しますが，どんな内容を記述すればよいのでしょうか。

　児童生徒の学習状況や道徳性に係る成長の様子についての評価をするにあたって，キーワードは，「多面的・多角的な見方」「道徳的価値の理解を自分との関わり」になります。
　このキーワードと道徳科の特質とを関連させると，人間理解，価値理解，他者理解，自己を見つめる（自己理解），そして，教材における自分との関わりについて記述していくことになります。
　では，具体的な記述例を考えてみましょう。ここでは，成長の様子を記述するので，「～できました。」ではなく，「～できるようになりました。」という語尾の記述になります。具体的な記述例とキーワードとの関わりを示します。

＜評価の記述例＞
○進んで自分の考えを発表し，仲間の考えと比べながら，自分の考えを確かにすることができるようになりました。　　　　　　　　　　　　　（他者理解，自己理解）
○役割演技では，主人公になりきって演じ，大切であってもなかなか行動できない気持ちに気づくことができるようになりました。　（自分との関わり，人間理解）
○大切であってもなかなか行動できない気持ちを追求するとき，多様な考え方や感じ方があることに気づき，自分はどの気持ちが強いかに気づくことができるようになりました。　　　　　　　　　　　　　　　　　　（人間理解，他者理解，自己理解）
○役割演技では，仲間の考えを聞いて自分の考えがどのように変わったのかを語ることができるようになりました。　　　　　　　　　　　　（自己理解，他者理解）
○役割演技では，主人公になりきって演じ，価値に関わるよさについて味わうことができるようになりました。　　　　　　　　　　　　（自分との関わり，価値理解）
○自分を見つめるとき，教材の場面や状況から離れて，捉えた価値から自己を見つめることができるようになりました。　　　　　　　　　　　　　　　（自己理解）
○自分を見つめるときの書く活動では，自分のしたことを見つめるだけでなく，そのときの考えや気持ちまで見つめることができるようになりました。　（自己理解）
○自己を見つめるとき，これまでの自分を見つめ，課題にまで気づくことができるようになりました。　　　　　　　　　　　　　　　　　　　　　（自己理解）

Q136 道徳科の評価の記述にあたって，留意することにどんなことがあるのでしょうか。

　道徳科の評価は，道徳科の授業の児童生徒の学習状況や道徳性の成長の様子について記述していきますが，留意することが2つあります。道徳科の研修をしていないと，記述してしまいそうな内容です。

　1つ目は，道徳科では，ねらいに迫るための指導方法の工夫として，体験的な活動などの表現活動を取り入れていますが，その際，表現力に関わる内容のよさを書くことは避けなければなりません。それは，児童生徒のできばえを評価することになるからです。具体的な例を挙げます。

＜記述してはいけない文例＞
- 役割演技をするとき，声の抑揚や動作も入れてうまく表現することができるようになりました。
- ペアで役割演技をするとき，相手の考えをよく聞いて，自分の考えを詳しく話すことができるようになりました。
- 書く活動では，ていねいに詳しく書くことができるようになりました。

　このように，表現活動における表現力のすばらしさを価値づけることは，道徳科でねらっていることではありません。

　2つ目に，道徳科以外の教科にもあてはまる記述も避けなければなりません。具体的な例を挙げます。

＜記述してはいけない文例＞
- 自分の考えを発表しようと進んで挙手をすることができるようになりました。
- 仲間の発言をよく聞いて，うなずいて聞くこともできるようになりました。
- ワークシートには，自分の考えを詳しく書くことができるようになりました。

　このように，どの教科にもあてはまるような記述は道徳科としての特質が見えてきません。

　道徳科の評価では，道徳科の特質が見える記述をすることが大切です。

Q137 道徳性の成長の評価について、どのように記述したらよいのかも、具体的に教えてください。

　今回（平成29年）の改訂では、「学習状況や道徳性に係る成長の様子」について評価することになりました。道徳科なので、道徳科の授業の児童生徒の反応になります。また、道徳性の評価については、内容項目に関わる内容を記述をすることではありません。

　こうしたことを踏まえ、道徳性の評価について考えてみましょう。

　まず、道徳性についてですが、道徳科における道徳性は、内面的資質（道徳的判断力、道徳的心情、道徳的実践意欲、道徳的態度）になります。では、道徳科の授業での具体的な姿と道徳性との関わりについて具体的な記述例を考えてみましょう。

＜評価の記述例＞

○価値理解を深める基本発問では、どのようにすることが正しいことなのかを考えることができるようになりました。　　　　　　　　　　　　　　（道徳的判断力）

○価値理解を深める発問では、そのときの場面や状況をよく捉え、深く考えることができるようになりました。　　　　　　　　　　　　　　　　　　（道徳的判断力）

○役割演技では、主人公の心情を豊かに語ることができるようになりました。
　　　　　　　　　　　　　　　　　　　　　　　　　　　　　　　　（道徳的心情）

○相手の気持ちを考えて、自分の気持ちを豊かに語ることができるようになりました。
　　　　　　　　　　　　　　　　　　　　　　　　　　　　　　　　（道徳的心情）

○主人公の考えや気持ちをもとに、どこでどうすることがよかったのか語ることができるようになりました。　　　　　　　　　　　　　　　　　　　（道徳的態度）

○これまでの自分や今の自分を見つめ、これから出会うであろう様々な場面に生かしていこうとする意欲をもつことができるようになりました。　　（道徳的実践意欲）

○今の自分を深く見つめ、自分の課題を解決していこうとする意欲を高めることができるようになりました。　　　　　　　　　　　　　　　　　（道徳的実践意欲）

　学習状況の成長の様子のQ135の記述例や上記の道徳性の成長の記述例を参考にして、指導要録への記入に生かすことを期待しています。

Q138 指導要録と保護者に渡す「子どもの姿」（通知表）への評価の記入をどのようにすればよいのでしょうか。

　道徳科の評価に関わる指導要録への記述と「子どもの姿」（通知表）への記述の仕方について考えてみましょう。

　まず，共通する点です。評価に関わる基本的な考え方は同じです。その記述の内容は，児童生徒の学習状況や道徳性に係る成長の様子であり，数値化をしないということです。この内容のキーワードは，Q135に示した「多面的・多角的な見方」「道徳的価値の理解を自分との関わり」ということになります。

　次に，異なる点についてです。Q135やQ137で指導要録に記述する具体例を挙げましたが，この記述では，保護者にとって道徳科の時間の児童生徒の姿のイメージがもちにくいのではないかと思います。

　そこで，指導要録への記述と違って，その授業で「できました」という言葉を使って，道徳科の授業の具体的な姿を取り上げて記述していきます。また，子どもの成長の様子を記述することになると，学期末や学年末での成長の姿も記述することが大切になります。具体的な例を挙げてみましょう。

＜評価の記述例＞

○「二わのことり」＜B　友情，信頼＞の学習では，みそさざいになりきって，友達のやまがらを思う気持ちを表出することができました。学年末には，主人公になりきって話したり，相手のことを思う気持ちを豊かに語ったりすることができるようになりました。

○「手品師」＜A　正直，誠実＞の学習では，手品師が大劇場に出るのか，子どもとの約束を守って手品をするのか迷う気持ちを自分との関わりで考え，仲間の発言を聞いて自分の考えを深めることができました。学年末には，主人公の気持ちを進んで語り，仲間の発言と比べて自分の考えを語ることができるようになりました。

○「はじめてのアンカー」＜C　家族愛，家庭生活の充実＞の学習では，家族の大切さに気づき，家族にしてきたことを深く見つめることができました。学年末には，ねらいとする価値について確かに気づくことができ，自分を深く見つめることができるようになりました。

　このように，道徳の授業で，特に道徳科の特質から捉えたすばらしい姿や学期末や学年末での成長した姿を記述することが，保護者の道徳科への理解を深めることになります。

Q139 道徳科の授業の自己評価は、どのようにすればよいのでしょうか。

道徳科の授業の最後に、「今日の道徳科の授業について自己評価しましょう。」と教師が働きかけ、自己評価カードを活用している授業をときどき見かけます。

自己評価カードを活用するとき留意したいことは、このカードによって何をねらうのかを明確にすることです。

カードの内容で考えられることは、①内容項目に関わること　②学習姿勢に関わることです。

まず、内容項目に関わることについては、「児童生徒が自己評価しやすいように具体的に」を心がけていきたいです。例えば、「親切にすることの価値を理解しましたか。」「自己を見つめることができましたか。」ではなく、「親切にすることのよさがわかりましたか。」「親切にできたときやできなかったときの気持ちまで見つめることができましたか。」というように、児童生徒の発達の段階や実態に応じた具体的な評価項目にしていく必要があります。しかし、「親切にすることのよさがわかりましたか。」といっても、学年が下になればなるほど、自己評価する力がどれだけあるのか、はっきりとわかりません。教師が、授業の中での発言や表情で捉えていくことを基本にしたいです。自己を見つめる内容については、書く活動を取り入れることも考えられ、その書いた内容で、ねらいに迫っているのかを捉えることも評価の1つの方法です。

次に、学習姿勢に関わることについてです。道徳科の授業の中心となる学習活動は、「話す」「聞く」であり、道徳科では、すべての教科、領域の中で、「話す」「聞く」がいちばん基本となっています。そこで、日々の教科の授業で大切にしている学業指導といつも関連して考えていきたいです。「自分の考え方や感じ方を進んで発表する。」「仲間の発言と比べながら発表する。」「仲間の発言をうなずいて聞く。」などを常に児童生徒のめざす姿を視点にして、授業に臨むように心がけていく必要があります。したがって、すべての学習に、こうした「話す」「聞く」の視点を継続してめあてにしていれば、改めて、道徳科の授業の自己評価の内容に盛り込むこともそれほど必要がなくなってきます。

以上のように、もし、自己評価を盛り込むならば、次のことを大切にしていきたいです。

1　内容項目に関わって、児童生徒が具体的に評価できる内容であること、しかし、児童生徒の発言内容や表情を教師が捉えることを基本にすること。

2　学習姿勢に関わって、日頃から意識して育てること。

Q140 道徳科の授業の中で、どのように一人ひとりの児童生徒を見届けていけばよいのでしょうか。

　道徳科の１時間の評価を考えたとき、まず、基本発問の段階で一人ひとりを見届けていくことが大切になってきます。

　例えば、人間理解の多様な考え方や感じ方を引き出す段階で発問をしたとき、児童生徒の発言が続き、発言内容が教師によって板書に整理されていきます。そして、予想される考え方や感じ方が出尽くしたとき、整理された板書の発言内容を指し示しながら、「自分の気持ちはどれがいちばん近いのかな。いちばん近いところに手を挙げてごらん。」と投げかけます。その際、どれか１つに決まらない場合も出てきます。そこで、無理に１つに絞るということではなく、「２つの気持ちが強ければ、２つに手を挙げてもいいんですよ。」と指導・援助をします。ここで、教師は一人ひとりがどんな考え方や感じ方をしているのか、把握していきます。

　価値を理解する段階では、事前に捉えた一人ひとりの児童生徒の実態を生かし、挙手している児童生徒だけでなく、挙手していない児童生徒にも意図的に指名していく必要があります。ときどき、板書をもとに、「こんな考え方をするよという子、手を挙げてごらん。」「こんな気持ち、私もあるよという子、手を挙げてごらん。」など、一人ひとりの考え方や感じ方を見届けていくことも大切です。

　ときには、基本発問に関わる考え方や感じ方を道徳ノートに書くこともあります。教師は机間指導によって道徳ノートに書いた内容を確かめ、その内容に関わって指導・援助し、自分の考え方や感じ方を発表していくよう励ましていきます。

　また、話し合いの場面では、机間指導のときに把握した考え方や感じ方を意図的指名によって引き出し、価値観を深めていくようにしていきます。さらに、話し合いが深まった段階で、最初の考え方や感じ方から変容があったかどうかを見届けていきます。

　自己を見つめる段階では、児童生徒が道徳ノートに自己を見つめた内容を書くことがあります。机間指導をする中で、一人ひとりの自己を見つめる力に応じて指導・援助していきます。こうしたノートの累積からは、児童生徒の自己を見つめる姿の成長が見えてきます。

　このように、１時間ごとの道徳科の授業の評価を大切にしていくことが、児童生徒の心の成長につながっていきます。

学習指導過程の導入や展開前段では,具体的にはどんな評価項目が考えられますか。

　道徳科の授業の学習指導過程の各段階で具体的に考えてみましょう。ここでは,導入と展開前段についての評価項目と評価の方法を示します。

段階	対象	評　価　項　目	方法
導入	T	・導入は,簡潔であったか。	時間
	T	・主題に関する児童生徒の興味関心を高め,ねらいとする道徳的価値の自覚に向けて動機づけがなされたか。	表情
	C	・主人公と登場人物との関わりがわかったか。	表情
	C	・感想の発表の仕方,つぶやきの仕方がわかったか。	表情
展開前段	T	・教材提示の工夫がなされていたか。(ペープサート,場面絵,声の抑揚,間,繰り返し,動き,音響等)	提示読み
	C	・児童生徒が登場人物に共感していたか。(教材読みでの集中度)	表情
	C	・教材に正対したとき,敏感に反応していたか。(感想,つぶやき)	発言
	T	・教師の発問はよく整理され,明確なねらいのもとに行われていたか。	発言
	T	・内容項目に関わる多様な感じ方や考え方を引き出すことができたか。(児童生徒理解をもとに,意図的指名は有効であったか。)	発問
	C	・自分の考え方や感じ方を場面や状況を捉えて素直に話すことができたか。	発言
	C	・仲間と比べながら,自分の感じ方や考え方を話すことができたか。	発言
	T	・仲間と比べて話ができるための指導・援助は有効であったか。	発問
	C	・話し合いによって,仲間の考え方や感じ方の共通点や相違点に気づくことができたか。	発言
	T	・話し合いを深めるための補助発問は有効であったか。	発問
	T	・話し合いを深めるための指導方法は,児童生徒が意欲的に価値を追求することにつながったか。	表情挙手
	T	・話し合いによって,児童生徒の道徳的心情を高め,道徳的判断力を高めることができたか。	発言
	T	・役割演技の内容が,具体的でわかりやすく,効果的であったか。	動作
	T	・役割演技において,児童生徒の能力や特性が十分生かされるよう配慮されていたか。	表情動作
	T	・役割演技を活用してねらいに迫るための指導・援助は有効であったか。	発問
	T	・役割演技を見ている児童生徒や学級の雰囲気づくりなどについて,適切な指導がなされ,その成果が見られたか。	発問

Q142 学習指導過程の展開後段や終末,学業指導では,具体的にはどんな評価項目が考えられますか。

　道徳科の授業の学習指導過程の各段階で具体的に考えてみましょう。ここでは,展開後段,終末,道徳科の授業の学業指導についての評価項目と評価の方法を示します。

段階	対象	評 価 項 目	方法
展開後段	C	・教材から離れて自己を見つめることができたか。	発言 ノート
	C	・発達の段階に応じて自己を見つめることができたか。(低学年:行為,中学年:行為＋気持ちや考え,高学年・中学生:今思うと,心の傾向性,課題)	発言 ノート
	T	・自己を見つめるための指導・援助は有効であったか。	発問
	C	・仲間の自己を見つめる姿に出会い,自己を深く見つめることができたか。	表情 発言
	T	・自己を見つめるための指導方法に工夫が見られたか。	方法
終末	T	・児童生徒一人ひとりの心に残る話であったか。	表情
学業指導	T	・教師の児童生徒への関わり方は温かみがあったか。	表情
	T	・教師の発問は,適切な声量と正しい言葉遣いであったか。	発問
	T	・板書の文字の大きさ,ていねいさ,色チョークの使い方への配慮があったか。	黒板
	C	・基本的な道徳科の学び方が身に付いていたか。(聞き方)	表情
	C	・基本的な道徳科の学び方が身に付いていたか。(話し方)	発言
	C	・基本的な道徳科の学び方が身に付いていたか。(話し合い方)	発言
	C	・基本的な道徳科の学び方が身に付いていたか。(書き方)	ノート

　このように,各段階でめざす姿を明らかにし,その姿に高まるまでの指導・援助が有効に働いたかを評価の観点にします。

　また,これらの観点を研究会の視点としてもち,話し合いを深めていくことは,教師の指導力の向上や児童生徒の道徳性の高まりにつながっていきます。

Q143 道徳科の教科書の導入によって，年間指導計画はどうなるのでしょうか。

　小学校の道徳は，平成30年度から，「特別の教科　道徳（道徳科）」になりました。そして，教科書を使用した道徳科の授業が行われています。したがって，平成29年度まで各学校で活用していた年間指導計画は教科書の年間指導計画に変わりました。

　したがって，次の点について，配慮する必要があります。

1　各学校の道徳科の重点項目

　各学校の実態に応じて道徳科の重点目標は異なり，年間指導計画に配置する内容項目の数も様々です。つまり，各学年のすべての内容項目を配置する中で，重点となる内容項目は2，3主題配置することになります。教科書は，重点項目になりそうな内容項目の教材を多く掲載していますが，すべての学校の実態に対応しているとはいえません。そこで，教科書の年間指導計画から，各学校の重点となる内容項目の教材を差し替えていく必要があります。では，どこからその教材を選定すればよいのでしょうか。これまで文部省や文部科学省の資料がたくさん出されているので，その中から選定するとよいでしょう。また，教科書の付録教材を利用する方法もあります。

2　地域教材の活用

　児童が今，生活している郷土の歴史上の人物，郷土の名所等を教材化して道徳科の年間指導計画に配置している学校も多いようです。郷土に根づいた教材を活用すると，児童が身近に感じ，自分との関わりをもつことができます。したがって，ぜひ，こうした教材を年間指導計画に取り入れたいものです。教科書の郷土愛等の教材と地域の教材を差し替え，自分との関わりをもって追求意欲を高める道徳科の授業を行うことが大切です。

　このように，教科書の年間指導計画を軸にしながら，自校の道徳科の重点目標や地域教材をふまえて，年間指導計画を工夫・改善していくことが必要です。

　ところで，いくつの教材を差し替えるかということになると，学校の主体性を考え，各学年10教材ぐらいはよいのではないかと考えますが，いかがでしょうか。

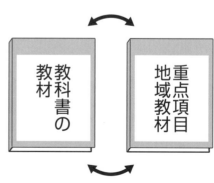

Q144 教科書を使用しての道徳科では，これまでの全体計画の別葉をどのように改善したらよいのでしょうか。

　教科書を使用するので，これまでの全体計画の別葉の見直しが必要になってきます。
　そこで，1つの方法として，教科書会社から出ている別葉を生かして自校の別葉を修正することが考えられます。これまでの自校の別葉をもとにすると，月ごとの道徳科の教材の入れ替えをかなりしなければなりません。したがって，教科書会社の別葉を活用した方が時間がかからないことになります。
　では，教科書会社の別葉を生かして，自校の別葉を改善する手順を考えてみましょう。ここでは，時系列の別葉を活用してどのように改善したらよいのかを考えてみましょう。

1　道徳科の欄には，月ごとの主題が入っています。もちろん，これは年間指導計画と連動しています。この教科書会社の年間指導計画の配列を見て，教科書会社の重点項目と自校の重点項目の違いを捉え，差し替えをします。例えば，教科書会社の重点項目が＜B　友情，信頼＞になっていて，自校が＜B　親切，思いやり＞ならば，＜B　友情，信頼＞の主題を減らし，＜B　親切，思いやり＞の主題を増やすことになります。では，どこからその教材を選ぶかというと，その教科書会社の付録教材や文部省や文部科学省の過去の資料からということになります。また，各県や各市区町村には，これまでに地域教材として道徳科で活用している教材もあると思うので，その教材に差し替えることも考えられます。この2つの視点から見直していくことが大切ですが，教科書を使用することが基本なので，教材の入れ替えがあまり多くなっては問題が出てきます。

2　学校行事や特別活動の欄です。この欄では，自校の年間指導計画に合わせて，差し替えをしていきます。

3　教科の欄です。各教科ごとにどの教科書会社を使用しているか，また，その年間指導計画にしたがって，単元名とそこでねらう道徳性が記述されています。ここでは，自校で使用している教科書会社の内容に変更していきます。

4　家庭・地域との連携については，これまで通りの内容を見直しながら修正することになります。

　このように，教科書会社の別葉を生かしながら改善する例を挙げました。とにかく，負担がかからないように全職員で取り組むことが大切になります。

Q145 教科書を使用しての道徳科では，これまでの年間指導計画をどのように改善したらよいのでしょうか。

　教科書を使用することで，これまでの年間指導計画を見直していかなければなりません。では，どのように改善していくか，3つの点から考えてみましょう。

　1点目です。主題配列についてです。教科書会社から出ている年間指導計画を活用して改善していくことが考えられます。別葉の改善のところでも触れましたが，以下の改善が必要になります。まず，教科書会社の重点項目と自校の重点項目を比べて差し替えることです。そして，地域教材の差し替えです。しかし，教科書を使用することを考えると，多くの教材を差し替えることは避けなければなりません。教科書で扱っているすべての内容項目の1つは確実に年間指導計画に取り入れていかなければなりません。

　2点目です。主題配列ができたら，1時間ごとの道徳科の授業が確実に実施されなければなりません。そのためには，各主題の1時間の展開の概要が活用しやすいように具体化されていることが必要になります。そこで，これまでの道徳科の特質を生かした展開の概要をもとに，改善します。

　具体的に考えてみましょう。教科書会社の年間指導計画案には，教材に対して，指導内容，主題名，ねらい，主な発問，他教科との関連などが書かれています。学校の実態に合わせて書きかえて使用するとよいでしょう。小学校では，平成30年4月に道徳が特別の教科になりました。ある学校の実践では，前年度の3学期にすべてを見直していくと，成績処理等も考え，時間の余裕がなくなってくるので，とりあえず，3月には1学期までの教材について基本発問を具体化し，2・3学期については，夏季休業中で作成していくということを考えました。このように先生方に無理をかけずに作業を進めることが大切です。

　3点目です。より質の高い道徳授業をめざしたとき，展開の大要に関連する授業での留意点も具体化していくことが必要になってきます。具体的には，児童の考え方や感じ方を深めたり，広げたりする補助発問，自分との関わりをもたせる発問，対話的な学びにつながる指導方法の工夫などについて，具体化していくことが大切になります。

19　年間指導計画・全体計画の別葉の作成

Q146 低学年の＜Ａ 節度，節制＞には，指導すべき内容がいくつもありますが，主題の配列の留意点は何でしょうか。

　この内容項目の低学年は，「健康や安全に気を付け，物や金銭を大切にし，身の回りを整え，わがままをしないで，規則正しい生活をすること。」となっています。解説によると，ここでは，「周囲に対する気配りや思いやりをもち互いの健康に心掛け，安全のきまりを守ってそれを実践すること，物の価値を認識させるために，物は多くの人の努力と勤労によって作られていること，金銭の価値についても正しく理解させ物を大切にできるようにすること，身の回りを整えて気持ちのよい生活ができるようにすることなどの具体的な指導を進める」ことが求められています。

　低学年の内容項目には，いくつもの内容が含まれていることがわかります。これを各学年段階ですべて指導することが求められているので，1年生，2年生のそれぞれですべて取り扱う必要があります。

　したがって，＜Ａ 節度，節制＞が1主題では，扱うことができないということになります。内容から考えますと，少なくとも3主題を配置しなければならないと考えます。この内容項目を重点項目にすると，4,5主題ということになります。

　このように，重点項目でないと1主題という決め方ではなく，内容項目の内容を吟味して主題の数を考えていくことが必要です。

　その他にも，主題数を考えなければならない内容項目もあります。例えば，高学年の＜Ｂ 友情，信頼＞では，「友達と互いに信頼し，学び合って友情を深め」「異性についても理解」などがあります。中学年の＜Ｃ 家族愛，家庭生活の充実＞では，「父母，祖父母を敬愛」「家族みんなで協力し合って楽しい家庭をつくる」などがあります。低学年の＜Ｃ よりよい学校生活，集団生活の充実＞では，「先生を敬愛」「学級や学校の生活を楽しくする」などがあります。内容項目に2つの内容が入っていることがわかります。

　また，1つの教材ですべての内容が扱えるのか，教材の内容によっては，2主題を扱わなければいけないのかなど，教材によって主題数が変わってくることも考えられます。

　年間指導計画を改善するにあたってのいくつかの視点を示しました。道徳教育推進教師を中心にして，全職員で生きた年間指導計画の改善をしていかなければなりません。

日々の道徳科の授業を充実させるために，これだけは必ずやっておきたいということはどんなことでしょうか。

　児童の道徳性を少しずつ高めるために，毎週1回の道徳科の授業の前には，次の3点についてぜひ行って，授業を進めていきたいと考えています。

1　基本発問の明確化と予想される児童の反応の整理

　教材を何度も読み，ねらいに迫っていくための基本発問を明確にすることは，どの教師も授業前に行っている内容です。しかし，その基本発問に関わって，ねらいからどんな考え方や感じ方が引き出せるのか，整理して授業に向かっているでしょうか。授業の前に，教材の中に，基本発問となる箇所に線を引き，どんな児童の反応が引き出せるのか予想して書き込み，児童の反応を整理しておくことが大切です。もし，学年会等で話題にする時間があれば，教師一人ひとりが児童になって，どんな反応をするのかを出し合うことも，効果的な事前の研究になります。予想される児童の考え方や感じ方を整理して，授業に向かうことは，児童の反応を見届ける視点をもつことになり，授業において，児童の反応をその視点から聞くことで，より的確に反応を捉えたり整理したりすることができるようになります。

2　構造的な板書

　板書は，1時間の学習の足跡です。授業が終わったとき，どんな学習がなされたのか，児童が一目でわかることが大切です。授業に向かう前に板書の構想を練ることは，児童を見届ける視点を明確にしたり，具体化したりすることにつながっていきます。1時間の授業を見通しをもって進めるためには，必ず，構造的な板書の構想を練ることが必要になります。

3　教材提示の工夫

　児童の反応に左右されることなく，事前に準備できることは，教材を何度も読み，教材の世界に浸りきらせる朗読をすることです。教材を何度も読み，範読から朗読までに高めるとともに，主人公の考えや気持ちを捉えやすくするために，どこで間をあけるか，どこを強調して読んだらよいのか等を明確にして，授業に向かうことが大切になります。また，特に低学年では，ペープサート等の作成をし，視覚に訴える教材提示を心がけるとともに，その教材提示を事前に教室で行い，手順等を明確にしていくことが大切です。教材と自分との関わりができるとともに，児童の意欲的な追求にもつながっていきます。

Q148 道徳科になったとき，道徳教育推進教師の役割について教えてください。

　道徳が「特別の教科　道徳（道徳科）」になりました。ますます，道徳教育推進教師の自覚が必要になってきます。それでは，道徳教育推進教師は具体的にどんなことをすればよいのか考えてみましょう。

　1つ目です。年間指導計画の改善です。道徳科では，教科書を使用することになりました。教科書には，もちろん年間指導計画がありますが，教科書の重点目標と学校の重点目標が一致しているとは限りません。重点目標が異なっていれば，教材を差し替える作業を行います。学校の重点目標に合わせて，教科書の付録教材，過去の文部省，文部科学省，「私たちの道徳」の教材から選択し，差し替えていきます。また，これまで活用してきた各県，各市区町村の独自の郷土資料があるので，魅力的な教材については郷土愛を育成する上で差し替える必要があります。こうした視点を職員会等で全職員に示し，学年会で年間指導計画の改善をするように依頼しなければなりません。

　2つ目です。道徳が教科になった理由の1つとして，道徳の時間が確実になされていなかったという児童にとっての不公平感があります。そこで，全校体制で道徳科の授業を確実に行っていく工夫が必要になります。例えば，「第〇回道徳」と黒板の右に書き，回数を意識して道徳科の時間を毎週1回実践することです。また，毎週水曜日の2時間目はどの学級も道徳科を実践すると決めることです。管理職の道徳科への意識が高いと，きっと学校の道徳科の授業を参観することでしょう。さらに，学年会で道徳科の授業について話題にすることです。例えば，学年主任や学年の道徳担当が次の週に実施する教材について，基本発問や板書等をどのようにしたらよいか話題にします。このように，全校体制で道徳科の授業を継続して行えるように働きかけていくことが大切になります。

　3つ目です。道徳科の指導の在り方の共通理解を図ることです。道徳科の特質を踏まえた上で，今回（平成29年）の改訂のキーワードをどのように授業の中で具体化していくのかを共通理解する研修を行っていくことも大切になります。

　4つ目です。道徳科への意識を継続することです。道徳が教科になったときには，教科への意識が高いのですが，次第にその意識も低くなっていきます。教科化への高い意識を継続するために，打ち合わせや職員会等を活用して5分程度のミニ研修を継続するなどの工夫が大切になります。学校の教職員の道徳科に関わるニーズを引き出しながら，そのニーズに応えられるような研修をぜひ継続していきましょう。道徳科が充実するのは，校長と道徳教育推進教師にかかっています。

Q149 教職員の道徳科への意識を継続していくための研修をどのように工夫したらよいのでしょうか。

　これまでの道徳科の研修をふり返ってみると，夏期休業中に現職研修として2時間程度の研修をしたり，それに加えて，道徳科の研究授業を行って授業研究会をしたりすることが多く行われてきました。1年間に1，2回の道徳科研修ということになると，教職員の意識は点であり，道徳科への意識が継続されなかったのではないかと思います。これが，道徳科の授業が確実になされなかった原因の1つであると考えられます。

　「研修の継続」がキーワードです。しかし，1回が2時間の研修を継続することは，様々な研修がある中で無理になってきます。そこで，短時間で研修を継続する工夫をしなければなりません。このQ&Aは，1ページにQとAが書かれています。QとAを読んでも5分以内で読み切ることができます。Qは，これまで私が指導主事をしているときや授業研究会で質問された内容がほとんどなので，教職員の興味・関心が高い質問です。きっと，どの学校でも知りたい内容ではないかと思います。

　そのほかに，教職員に道徳科で知りたいことを書いてもらって，そのニーズの高い内容から職員打ち合わせや学年会，職員会で話題にしていってはどうでしょうか。1年間に研修としての大きな点を1つか2つ設けるのではなく，日常的に小さな点をいくつも重ねていくことの方が道徳科への意識の継続につながっていくはずです。

　また，学年会の活用です。学年会はきっと週1回はあることでしょう。この学年会で道徳科の話を少しするのです。学年主任か学年の道徳科担当が来週の教材について話題にするだけで，道徳科への意識はできてきます。次の週には，「先週の道徳科の授業はどうでしたか？」と必ず話題になります。話題が出るだけで，意識は継続します。そこから，研修内容が充実してきます。教材を読めば，「どこを基本発問にするの？」「具体的にはどのように子どもに問いかけるの？」「深めるためには，どんな問いかけをすればいいの？」「板書はどうやって書けばいいの？」などの話が出てきます。これを解決するために，話し合いが始まり，研修の内容が充実することになります。

　このように，教職員のニーズを生かしたミニ研修の継続と学年会の効果的な活用で道徳科の充実をはかりたいものです。

Q150 道徳科について、具体的にどのように指導したらよいのかを理解するための研修の工夫を教えてください。

　これまでの道徳科の研修をふり返ると、講師を招いて講義形式で道徳科についての理解を図ったり、道徳科の授業を参観して授業研究会を行ったりという形式でした。特に、夏期休業中における講義形式の研修会が多かったことを記憶しています。

　そこで、教職員が主体的に研修に参加をして、実感をもって道徳科の指導の方法を身に付けていくことができればと考えています。具体的な実践例を紹介します。

　講師と教員で授業をする試みです。つまり、講師が学級担任になり、教員が児童になって体験授業を行うということです。その際、ただ授業をするだけでなく、教師の指導方法や指導・援助についての意味について学んだり、いくつかの具体的な指導方法や指導・援助について学んだりしていきます。

　授業なので、もちろん教室で行います。教員は児童の席について児童と同じように授業を受けます。

　もう少し、具体的な場面を描いてみましょう。講師（学級担任役）が人間理解の基本発問である「主人公の手品師は、大劇場に出ようか少年の前で手品をしようか、迷いに迷っていますが、どんな気持ちでいるのでしょう。」と問いかけます。教員（児童役）は挙手してその主人公の気持ちを話していきます。このとき、「少年との約束だから」「少年はひとりぼっちでかわいそうだから。」など、少年の前で手品をすることに決めるという発言が続いたら、こんなときはどんな指導・援助をしますかと問いかけながら、「そんなにも少年の前で手品をする気持ちがあるのなら、迷わなくてもよいのにどうして迷ったんですか。」と具体的な指導・援助の仕方を示していきます。

　1時間半ほどの体験授業ですが、あっという間に時間が経ってしまいます。主体的に考える、隣同士で役割演技をして考え方や感じ方を交流するなど、授業の具体的な場面を通して、研修を深めることができます。

Q151 学年会でどのような道徳科研修をしたらよいのでしょうか。

　道徳科研修を主体的にできる場は，学年会と捉えています。全体研修では，研修への自分との関わりに必然性が生まれにくいと考えます。もちろん，意欲的に研修に臨む教師は問題ありません。学年会では，自分がどのように考えるのか，何をしなければならないのか，学年が同じ歩調で歩むにはどうしたらよいのかなど，児童の道徳性を高めていく上で，必然性が生まれ，主体的にならざるをえないことになります。

　では，どんな道徳科研修をすればよいのかを考えてみましょう。学年会は少なくとも1週間に1回はあると思います。その1回の中に，道徳科の研修をする時間を少し設けることから始めます。

　次に，研修の内容になります。毎週，道徳科の授業はあるので，次の週の教材をどのように扱うのかを話題にします。道徳科研修の時間によってどの内容を扱うのかは当然異なってきますが，扱いたい内容を示します。

> 1．教材の朗読
> 2．教材の提示の工夫
> 3．基本発問の場面と具体的な発問
> 4．基本発問に関わる児童の反応
> 5．考え方や感じ方を深める補助発問
> 6．板書　　など

　学年会で道徳科研修が短い時間しか取れない場合は，3番だけ。次に4番と5番。でも6番を扱うとほとんどの内容が含まれることになります。

　そして，次回の学年会では，「前回の教材の授業はどうでしたか。」と必ず話題にしましょう。こうして，道徳科への意識が継続していくことになります。

　ねらいは，短い時間の道徳科研修から道徳科の授業への意識を継続して高めることです。意識が高くなれば，自ら研修を深めることにつながっていきます。

Q152 児童の考え方や感じ方を深めるための教師の力量を、どのように高めたらよいのでしょうか。

　授業研究会で、「児童の考え方や感じ方を深めるための指導・援助が十分でなかった。」という発言をよく耳にします。しかしながら、この発言では、授業の具体的な内容がよくわかりません。これでは、どんな児童の反応を捉えて、どのように指導・援助をしていったらよいのか見えてきません。授業研究会で、一人ひとりの先生が自分も授業者の立場になって考えていくトレーニングをしなければ、教師としての力量は高まってきません。

　そこで、授業研究会で、こんな取り組みをしてはどうでしょうか。

　例えば、授業で、授業者から深める発問がなかったり的確でなかったりしたとき、司会者が、「今日の授業で、子どもの考え方や感じ方を深めるために、児童のどの反応を捉えて、どのように教師が働きかけたらよかったのかこれから話し合います。これから3分間考えていただき、一人ひとりの考えを全体（グループ）交流します。」と焦点化した話し合いを提案してはどうでしょうか。こうした取り組みは、一人ひとりが授業者となり、授業での児童の反応を見直し、ねらいから見てどの反応にどんな指導・援助をしていったらよいのか知恵を出すよい機会になります。授業研究会に参加している教員は主体的に考えるよい機会になります。きっと、様々な考えが出され、互いに学び合うよい機会となるとともに、授業者は、事前に考えた深める発問と比べることによって、新たな考え方に出会い、いろいろな手立てを学ぶことになるでしょう。

　また、日々の授業前の取り組みとして、教材分析から、教材のどの言葉から深めるか、基本発問に対して児童のどんな考え方や感じ方が予想され、それに対して、どんな問い返しや切り返しをするのか、具体的な方策を3つか4つ準備すること、どのように板書を構造化するか構想を練ることなどを継続していくことが、教師の力量の高まりにつながっていきます。授業研究会での取り組みだけでなく、これまでしてきた授業前の取り組みについて、教師の確かな力量を身に付けるという視点で、見直し、少し改善していくことも、教師としての大切な心構えになります。

具体的にどんな発問をすればよかったのか？

Q153 ほかの学年の児童が教職員といっしょに授業を参観し，メモをしていました。どのような効果があるのでしょうか。

　ほかの学年の授業を児童が参観することは大きな意味があり，また，児童の学業指導に有効に働きます。

　では，その意味と有効性について考えてみましょう。

　研究授業を参観して学級に戻った教師は，児童に学び方を身に付けさせようと思い，研究授業での児童のよい姿を紹介することが多く見られます。例えば，「6年生の道徳科の授業を見てきました。どの子も，発言するときに仲間の名前を入れて発言していました。比べて話すことがよくできていました。すごかったです。さすが6年生と思いました。6年生を見習って，みなさんも比べて話すことをがんばっていきましょう。」というように，すばらしい学び方を紹介し，児童の学び方への意欲を高めていきます。

　しかし，ほかの学年の授業を児童が直接，目にしたらどうでしょうか。実感をもってよい学び方を身に付けることができます。また，参観している授業のメモをすることで，参観している児童は，主体的に児童のよい姿を見つけようとすることになります。さらに，授業参観をするときにメモをする視点が明確であると，教師のめざす姿と一致した具体的な姿を見つけることにつながります。

　一方で，授業を参観してもらっている児童は，自分たちの学習の姿を見てもらうことではりきっているに違いありません。きっと，担任の先生から「あしたの道徳科は，みんなの道徳科の授業がすばらしいので，5年生の子が見にきます。いつものように，話す・聞くをがんばってね。」というように，励ましの言葉をもらっていることでしょう。授業を見にくる学年が下の学年ならば，上の学年として恥ずかしくない授業を見せなくてはという意気込みで授業に臨んでいることと思います。つまり，参観している児童も授業を見せている児童も，ともに主体的な学習になっているということになります。

　このように，児童が授業を参観することで，実感をもって具体的な学び方を学ぶことができ，その学び方を身に付けることができるようになります。参観する児童にとっても，される児童にとっても，有効な指導の1つといえます。

Q154 教材のペープサートや場面絵を作成して、授業をしたあとの保管の仕方を教えてください。

　どの学級の児童も、同じように教材のペープサートや場面絵を活用して道徳科の学習をするということを考えると、教材のペープサートや場面絵の保管は当然必要になってきます。自分が作成したペープサートだからと家に保管したりせずに、ぜひ、学校へ寄贈し、共用の財産として活用することをおすすめします。

　では、どのように保管すればよいのか、実践例を挙げなから考えてみましょう。

　児童が平等に授業を受ける権利を意識すると、作成したペープサートや場面絵は学校で保管し、どの学級担任もすぐに活用できるようにしなければなりません。

　まず、道徳教育推進教師が、校長先生に道徳科の資料を保管する場所の確保をお願いすることから始まります。

　次に、保管する場所（道徳科準備室）が決まったら、職員打ち合わせや職員会で全職員に教材を保管していくことの重要性や、道徳科資料の保管場所、保管の仕方等について通知し、共通理解を図ります。

　保管の仕方については、学年ごとに分けて整理することを基本とします。例えば、場面絵ですと道徳科の内容項目の視点ごとに入れていきます。低学年では、ペープサートがきっと多いと思うので、教材ごとに分けて保管することになります。ペープサート等が傷まないようにするためには、縦50cm、横80cm、高さ3cmぐらいの箱に入れて保管するとよいでしょう。教材を扱っている会社に必ずあります。

　このように、道徳科準備室にペープサートや場面絵等が保管されているとすぐに持ち出して、授業に活用することができるようになります。

　そして、自分が研究授業をするときには、きっとそのペープサートをもとに自分が使いやすいように改善していくと思います。これで、さらに児童にとってよりよい教材になっていきます。

　どの児童にも、すばらしい教材提示ができるように、全校体制でペープサートや場面絵を保管し続けてほしいと思います。

Q155 ネームプレートを活用している授業を見ますが，どんな意義があるのですか。

　ネームプレートを活用した授業とは，児童が発言したとき，その児童のネームプレートを黒板に貼り，授業を進めていくという手立てです。

　このネームプレートは，教師と児童の一問一答式の授業からの脱却に役立つとともに，道徳科の特質の1つである他者理解にも役立ちます。では，その意義やよさについて具体的な場面をもとに考えてみましょう。

> T （ネームプレートをもって）Aさんは，誰かが助けるという気持ちだけれど，みなさんは，この気持ちについてどう思う？
> C ぼくは，Aさんの気持ちもあると思うけれど，それよりも恥ずかしいという気持ちの方が強いです。

> T （板書に多様な考え方や感じ方が整理されている。それぞれの考え方や感じ方の上には，ネームプレートが貼られている。）いろいろな気持ちが出ているけれど，この中で，Aさんのかっこつけと思われるといやなので席を譲らないという気持ちについて，みなさんは，どう思いますか。
> C 私は，Aさんの気持ちを聞いて，そんな気持ちもあるんだと思いました。でも，私は，そこに貼ってあるように，知らない人だから言いにくいという気持ちの方が強いです。

> T （板書に貼ってある2つのネームプレートを指して）Aさんの気持ちとBさんの気持ちでは，あなたはどっちの気持ちが強いのかな？
> C ぼくは，Aさんの気持ちの方が強いです。それは，………

　教師は，ネームプレートを活用して，仲間の考え方や感じ方を比べ，確かな自己理解ができるようにしています。児童も，ネームプレートが貼ってあると誰が発言したのかがわかるために，仲間の考え方や感じ方と比べて発言しやすくなっています。

　その他にも，ネームプレートの活用として，一人ひとりがネームプレートを黒板に貼って，自分の考え方や感じ方を明確にすることも考えられます。また，教師がネームプレートを意識することで，発言していない児童に配慮し，意図的指名をすることもできます。

　このように，ネームプレートを活用することが，仲間の考え方や感じ方と比べて価値を追求する授業につながっていくことになります。

Q156 他者理解が大切にされていますが、日頃からどんなところで、どんな指導を継続したらよいのでしょうか。

　道徳科の授業だけでなく、ほかの教科でも、教師と児童の1対1の授業から児童同士で追求していく授業が求められています。そのためには、仲間の発言をよく聞いて、その発言と比べて自分の考えを発表していくことが大切になります。

　すべての教科の授業において、仲間と比べて話し合い、ねらいに迫ることを日々、継続していかなければなりません。

　そのために、低学年から仲間の名前を入れて発表していきます。具体的には、「○○さんと同じで」「○○さんと少し似ていて」「○○さんと違って」というように、仲間の名前を入れて発表することを目標にして日々の授業をします。

　中学年では、名前を入れて発言することからさらに、発言内容のどんなところが同じなのか、どんなところが違うのかを話し、聞き手にわかりやすいように発表することを目標にします。

　高学年では、さらに、自分の心の変容を語る（最初はこんな考えだったけれど、○○さんの話を聞いているうちに、今はこんな考えになっています。）、様々な視点から話すなどを目標にします。

　その際の留意点として、「○○さんと違って」ということが堂々と言える学級をつくることをめざします。児童にとって、同じ考えを言うことはそんなに難しくなく、抵抗もありません。でも、「違って」ということは、なかなか言いにくいのです。なぜならば、「みんなにあとから何か言われるのでは。」「みんなと違っていると何か不安だなあ。」などという気持ちになるからです。でも、「○○さんと違って」と言える学級の雰囲気をつくることができると、多様な考え方や感じ方が表出され、他者理解が豊かにできる授業になります。

　どの授業も、「仲間とともに」ということができていないことが多いようです。道徳科の授業では、「仲間とともに」は、他者理解につながります。その1つの指導として「○○さんの考えについてはどう思う？」と問いかけ、常に、仲間の発言をよく聞き、その仲間の発言と比べて自分はどんな考えや気持ちになっているか問いかけていくことをめざすことが大切です。

○○さんと違って。

Q157 道徳科の学習活動に生かすため,日頃からどのように「話す・聞く」力を高めていったらよいのでしょうか。

　週1回の道徳科の授業だけで「話す・聞く」力をつけることはできません。「話す・聞く」力は,全教育活動で信念をもって指導していくことが大切になります。

　まず,学校全体で「話す・聞く」力をつけることを重点目標にします。この「話す・聞く」力はコミュニケーション能力の育成にもつながり,これからの社会で生き抜いていく上で必要な力でもあります。したがって,この内容を学校の重点目標として,全校体制で取り組んでいくことが肝要になります。具体的には,学年部ごとに「話す・聞く」のめざす姿を描き,そのめざす姿に向かって,すべての教科等で信念をもって指導していくことが大切になります。

　もう少し具体的に考えてみましょう。道徳科では,道徳科の特質の1つである他者理解が求められているので,それにつながる内容を低・中・高学年でめざす姿の中に取り入れていきます。例えば「話す力」は,低学年では,「仲間の名前を入れて話す。」,中学年では,「仲間の名前を入れて話し,仲間の考えと自分の考えのどこが違ったり同じだったりしているのかを話す。」,高学年では,「仲間の考えとの異同について,自分の考えの変容について,教材とつないで話すなど多面的・多角的に話す。」をめざして,日頃の授業で児童の話す力の高まりを求めて指導を継続していきます。そのために,ネームプレートを活用することも効果的です。

　「聞く力」は,「話す力」と連動しています。聞くことによって,自分の考えと比べて,どこが違ったり,同じだったりしているのかを聞き分けていきます。仲間の発言をよく聞く指導を継続することが大切です。その結果,「話し合う力」となっていきます。

　こうした取り組みを通して,育った「話す・聞く」力を道徳科に生かしていくことが児童の道徳性の育成につながっていきます。

　その他にも,道徳科の授業では,動作化,役割演技,書く活動なども指導方法として活用されます。このような表現活動においても,日々の授業等で慣れ親しんだり,表現力をつけたりすることが大切になります。

　道徳科では,育った「話す・聞く」力や表現活動を深化,統合していくことが求められています。

Q158 道徳科も，学び方が大切と聞いています。どうしたらよいのでしょうか。

中学校では，教科ごとに，1学期の初めにオリエンテーションがあります。このオリエンテーションでは，年間を通してどんな学習をするのか，どんな学び方をしたらよいのか，ノートの使い方などが教師から具体的に話されます。しかしながら，道徳科の学習については，どうでしょうか。きっと，いきなり，生徒に教材を配付し，授業が始まるのではないでしょうか。生徒は，教師の授業の進め方にふり回され，主体的に道徳科の学習を行うことは難しくなります。

そこで，道徳科でも，オリエンテーションを実施し，学び方やめざす生徒の姿を示し，教師と生徒が共有することが大切です。

では，どんなよさがあるのか，一部紹介します。

まず，道徳科の学習の進め方を教えます。例えば，教材の感想にあまり時間をかけないことを共有していると，「教材の主人公がしたことで，どの場面が共感できますか。」と問いかけたとき，教材の中に線を引いたところをすべて読んだり，同じ場面でも少し違っているからと発表したりすることは少なくなります。どの場面について自分がどう思ったのかを短く発表するようになり，感想で時間をあまり取られずに授業を進めることができるようになります。

また，発達の段階に応じた「自己を見つめる」ときにめざす姿を生徒が知っていると，捉えた価値から自分を主体的に見つめようとします。例えば，「道徳科で『自己を見つめる』ときにめざす姿は，ねらいに関わってこれまでの自分の姿を見つめることであり，これからどうするのかということをねらっているのではありません。また，最後には自分の課題を見つけられることをめざしています。」ということがわかっていれば，極端に言えば，発問をしなくても，自己を見つめていく姿が出てきます。

学び方やめざす姿は，教師の指導・援助のもとに授業を積み重ねていくと，生徒は自然に身に付けていきます。しかしながら，オリエンテーションで，生徒達がこうした学び方やめざす姿をはじめに知ることは，それに向かう心構えができ，学ぶ内容や見つめる内容へのこだわりにつながり，質の高い授業になっていきます。

児童が挙手をしていると，つい，あててしまい，授業のねらいに迫れなくなることがあります。どうしたらよいのでしょうか。

　日頃，発言しない児童が挙手をしていると，ついあてたくなってしまい，ずるずると授業が延びていってしまうことがあります。しかし，授業は45分（50分）でねらいに迫っていかなければなりません。

　そこで，教師は，学習指導過程の各段階でどんな児童の反応になったらよいのかを明確にして授業に臨むことが大切になります。これは，道徳科の授業に限らず，すべての教科等の授業に共通することです。

　例えば，＜Ｂ　親切，思いやり＞の内容項目の授業で，

> ・知らない人だから　・誰かがするだろう　・私だけじゃない
> ・私だって座っていたい　・そのうち何とかなる　・何か言われるから

という多様な考え方や感じ方を日頃の児童の実態から引き出すという「評価のまど」をもったとき，これらを効果的に引き出す構えをもって授業に臨まなければなりません。挙手している児童だけをあてていては，時間がどんどん過ぎ，なかなか上記の考え方や感じ方を引き出すことはできません。

　そこで，効果的な引き出し方の1つとして，教師は児童の実態を捉えているので，挙手している中でも意図的な指名をしなければなりません。また，挙手していない児童にも意図的にあてていくことも必要になってきます。したがって，児童同士で指名することは，授業の効率化を妨げることは言うまでもありません。

　一方で，意欲的に追求している児童をどう認めていくかという問題も出てきます。自分の考え方や感じ方を発表したい，聞いてもらいたいという願いをかなえてあげなければなりません。そこで，こちらが引き出したい多様な感じ方や考え方がある程度整理されたとき，「先生，これから，今，手を挙げている子の話を聞くので，その場で，一斉にお話ししてごらん。」という投げかけをして，話したいというエネルギーを解消していくのも1つの方法です。そして，聞こえてくる児童の話にうなずいたり，価値づけたりして次の段階へいくという，ねらいに迫りながら児童の追求意欲も満たすということもして，本時のねらいに迫っていくことが大切になります。

学級の背面掲示の「道徳コーナー」は,児童の道徳性を高めるために,どのようにつくったらよいのでしょうか。

次に示すのは,道徳科と道徳教育との関連を図った道徳コーナーです。

〈学級の歩み〉

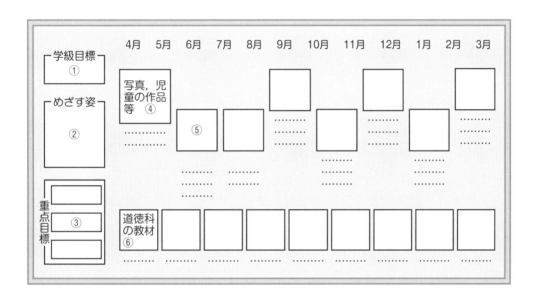

① 学級目標(学校の教育目標とつながり,学年の発達の段階を意識した内容に)
② 学級目標を児童の姿で具体化し,常に,児童が意識できるようにします。
③ 各学年の道徳科の重点目標を児童にわかる言葉で掲示します。
④ 学級の歩みは,写真や児童の作品等を掲示します。その際,重点目標や学級目標に関連した児童の姿にします。また,教師の指導・援助として重点目標の道徳性を高めるために,どんな働きかけをしたかも記述します。児童の姿だけにしません。
⑤ 学校行事を中心に児童の姿を掲示しますが,全教育活動との関連を考えると,日頃の学習場面や生活場面での重点目標の道徳性が高まった姿やそのときの指導・援助を記述します。
⑥ すべての教材は掲示できないので,重点目標に関わる教材を中心にします。道徳科の教材名のほかに,価値理解の言葉や,そのほか,板書の写真,児童の自己を見つめた姿(氏名なし)なども考えられます。

道徳コーナーの在り方や低学年らしい道徳コーナーの在り方について、どのように考えたらよいのでしょうか。

　学校を訪問すると、学級掲示の中に道徳コーナーがあります。大きく分けて、3つぐらいの内容になります。どの学級もほとんど背面黒板に設けられています。

① 道徳科の授業の板書
② 学級経営の流れ（4月からの学級の歩み）の下にいつ道徳科の授業を行ったのかがわかる教材名と価値名
③ ①と②の内容を踏まえ、さらに、具体的な児童の姿

　このような実態が多いようです。

　そこで、児童の道徳性を高めていくことを考えると、道徳科とほかの教育活動との関連が大切になり、①の内容では、道徳科と体験活動がそれぞれ点で終わってしまいます。②と③の内容については、児童の姿のある③がよりよいことがわかります。

　しかしながら、②や③の掲示は、道徳科と関わらせた学級の歩みがわかりますが、掲示の内容が複雑で、どんな内容で児童が高まったのか十分に見えないことが多いようです。

　そこで、学級目標に向かう重点内容項目（おおよそ3つぐらい）に焦点化した体験やそれに関わる道徳科の授業（年間2、3主題）に絞り、児童の姿を具体的に掲示してはどうでしょうか。さらに、変容を大切にしたとき、学校行事や学級での核となる活動だけでなく、重点内容項目に関わる行為や意識が変わっていったときの体験も取り上げ、年間を通して、どのように児童が変容していったのかを掲示していくことが大切になります。

　また、低学年らしい道徳コーナーを考えたとき、みそさざいが主人公の教材「二わのことり」＜B　友情、信頼＞ならば、体験活動のところでみそさざいを貼っていきます。友達を助けた姿や意識を具体的に書き込んでいくなど、みそさざいを追っていくことで、ひと目で「友情、信頼」の姿がわかるようにすると、低学年らしい楽しい掲示になります。

友達の気持ちを考えて

Q162 「よいことみつけ」コーナーは、どのようにつくったらよいのでしょうか。

　児童がよさを見つけ合う、一人ひとりのための「よいことみつけ」コーナーがあることは、仲間に支えられ、快感情をもって学級生活が送れることにつながっていきます。

　「よいことみつけ」コーナーをつくるにあたっての留意点を示します。

① 全員が掲示されていること。
② 一人ひとりの「よいことみつけ」の用紙が累積され、前回の「よいことみつけ」からあまり期間が経っていないこと。
③ 「よいことみつけ」の用紙がどの児童も同じぐらいの量があること。
④ 「よいことみつけ」の内容が、豊かな心を育てる視点（すべての内容項目）から書かれていること。

　①の一人ひとり全員が掲示されていることについては、教師の一人ひとりを大切にしている姿勢が見えてきます。教師にとっては、児童を理解する上で助けとなります。また一人ひとりの宝物となり、喜びにつながっていきます。

　②の「よいこと見つけ」の用紙を書いて、次に書くまでにあまり期間が経っていないことについては、いつもよいことを見つけてもらっている意識を継続させるためです。

　③の「よいことみつけ」の用紙がどの子も同じぐらいあるようにするために、終わりの会では、「今日は、Aさん、Bさん、Cさん、Dさん、Eさんの5人の子のよいことを見つけて書きましょう。」とか、「今週は、1グループの子から順番によいことを見つけて書きます。」など、どの児童も学級の仲間から自分のよさを見つけてもらっているという存在感を味わうための工夫をします。

　④の「よいことみつけ」の内容が、様々な視点から書けるようにするために、教師が日頃から「よいことみつけ」に書かれていない内容を、終わりの会で児童の具体的な姿を示しながら紹介していくことが大切です。児童同士見つけていくことと教師が紹介することとをうまく混ぜ合わせながら、「よいこと見つけ」を累積します。

　また、教師は必ず1人に1回は書いていくことを心がけたいです。児童は「よいことみつけ」をいつも見ています。学級でいちばんつながりが深い教師から書いてもらうことはとてもうれしいことです。

　さらに、学級だけに留まらず、授業を見てもらった方によい姿を書いてもらったり、日常生活でよい姿があったら、教えてほしいと職員間で共通理解を図っていったりすることもよい方法です。

道徳ノートのコピーを一人ひとり掲示することについて、どう考えたらよいのでしょうか。

　道徳ノートのコピーが一人ひとり掲示してある学級を見たことがあります。「掲示物は全員のものがあること」が大切にされます。絵画などは、貼るスペースがないために、1週間交代で、どの児童も貼っていくということもなされています。全員が掲示されることは、どの児童も大切にされているという実感をもち、児童の学校生活への支えになっているので、ぜひ、大切にしていきたいものです。

　ところで、道徳ノートのコピーの掲示については、どうでしょうか。児童の側から、教室の掲示物として貼られることを考えてみますと、例えば、自己を見つめる段階で活用された道徳ノートの中に、ある児童は、友達との関わりの中で友達に対していやなことばかりしていたことを謝りたいと思っていることを書いたとすると、学級の仲間に見せてほしくないという気持ちになるかもしれません。また、ある児童は、度を過ごしてしまって、今度こそ、そうならないようにと思っているとき、過去の失敗を仲間に知られたくないという気持ちになっているかもしれません。

　このように、一人ひとりの気持ちを考えていくと、道徳ノートのコピーを掲示することは少し考えなくてはいけません。道徳科の授業において、ねらうことは、道徳ノートを通して、自己を見つめることで、掲示することではありません。一人ひとりを掲示する場合は、ある内容項目については、掲示をしなかったり、一人ひとりに掲示してよいかどうかを聞いたりするなど、ぜひ、きめ細かい配慮をしたいものです。

　また、自己を見つめる力をつけるために、道徳コーナーに道徳ノートのコピーを掲示することも考えていきたいです。例えば、道徳ノートの書き方を指導するというねらいがあるならば、自己を見つめる見つめ方としてめざしたい姿が書かれている道徳ノートを掲示して、朱筆（自己を見つめる視点の例示、自己を深く見つめるための指導・援助等）を入れ、見つめ方を広めていきます。

　道徳ノートを掲示するときは、掲示するねらいを明らかにするとともに、一人ひとりへのきめ細かい配慮をすることが必要になってきます。

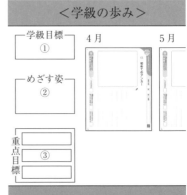

Q164 道徳性を高めるために,全教育活動でどのように取り組んだらよいのでしょうか。

　道徳科では心の育成ですが,その他の教育活動でどのように道徳性を育てていくのか,＜B　親切,思いやり＞の育成をめざして具体的に考えてみましょう。

　まず,行為の育成についてです。この内容項目では,全教育活動の中で,様々な場面が考えられます。教科では,「算数の時間,問題が解けなくて困っている子を助ける。」,休み時間では,「運動場で転んで泣いている子に声をかけて助ける。」「鉄棒の逆上がりができない子に教える。」,地域では,「道に迷っているおばあさんに道案内をする。」などが考えられます。この場面では,児童がこれまでの体験を生かして道徳的判断力や道徳的心情をもとに,親切な行為をしています。教師がこの場面に遭遇したら,行為の育成から考えると,「どのようにするといいの？」「答えが自分で解けるようになるために,どんなことをしたらいいの？」などの問いかけができます。また,こうした親切な行為を,美しい心の子として朝の会や終わりの会などで紹介していくことも,親切な行為に対する実践への意欲を高めます。

　次に,心の育成です。体験を通して親切にすることのよさを味わうことは間違いありません。しかし,そのよさをいっそう味わうために,教師がその場に遭遇していたら,「今,小さい子に優しく声をかけたら,小さい子はうれしそうだったけれど,どんな気持ちになった？」「おばあさんにお礼を言われて,どんな気持ちになった？」など問いかけるようにします。

　また,朝の会や終わりの会でも親切にした行為を価値づけるだけでなく,その時の気持ちや考えについても触れ,親切にするよさを学級全体に広げていきます。

　このように,行為と心の育成を絡み合わせながら,計画的,発展的に道徳性を高めていきます。そして,道徳科で深化,統合し,よりいっそう心を育てていくということになります。

Q165 道徳科以外の教育活動で高めた道徳性を道徳科にどのように深化，統合したらよいのでしょうか。

　道徳科は，補充，深化，統合する時間です。特に，道徳科以外の教育活動で高めた道徳性を，学習指導過程のどこで，どのように深化，統合していくのかを考えてみましょう。

　学習指導過程のどこでについては，主に，導入，展開，終末になり，すべてということになります。

　導入では，価値への方向づけのときに，これまでのねらいに関わる行為について簡単にふり返ることも考えられます。

　では，展開でどのように深化，統合するのかを考えてみましょう。

　まず，人間理解です。ここでは，日頃のねらいに関わる，人間として弱い考え方や感じ方に気づかせるので，日頃把握している児童理解（ねらいに関わる考え方や感じ方）をもとに意図的に指名して，自分の考え方や感じ方に気づかせるとともに多様な考え方や感じ方にも気づかせます。具体的には，＜B　親切，思いやり＞では，「自分も都合がある」「そのうちに」などの自分の都合で親切にできにくい児童，「恥ずかしい」「誰かが」など他の関わりで親切にできにくい児童などを把握していると，発言が偏ったときに，意図的に指名することができます。

　次に，価値理解では，価値に関わる意義やよさを理解して日頃から児童を捉えていると，意図的指名ができます。具体的には，＜B　親切，思いやり＞で考えると，親切にするよさをおばあさんを助けたときの喜びで感得している児童は，ここで意図的指名をすることで，親切にすることのよさを学級全体に広げることにつながっていきます。

　展開後段の自己を見つめる（自己理解）では，自己を見つめるときに，ねらいに関わるこれまでの自分や今の自分について見つめていきます。ここで，これまでほかの教育活動で高めてきた道徳性が生かされることになります。

　終末では，児童の実践意欲を高めるために，ねらいに関わる高まった道徳性の事例を紹介することもあります。

Q166 日常生活で捉えた実態（意識＝考え方や感じ方）をどのように授業に生かしたらよいのでしょうか。

　日常生活で捉えた内容項目に関わる考え方や感じ方を，授業の中で自分はどの考え方や感じ方が強いのかに気づかせたり考え方や感じ方を深めたりしていくことで，ねらいに迫ることになります。ここでは，具体的にどのように生かしていくのかを考えてみましょう。

　中学年の内容項目＜Ｂ　親切，思いやり＞に関わる日常生活の児童の実態を捉え，左に行為，右に意識を記述し，つないでみました。

```
―――＜行為＞―――――――――――――――　　　―――＜意識＞―――
○休み時間に1人でいる子を誘って遊ぶ。　　　　　困っているから助ける。何とかしたい。①
○教科書を忘れて困っている子に見せる。　　　　褒めてほしい。②
△転んでいる子を起こしたり，大丈夫と言っ　　　友達になりたい。③
　て通り過ぎたりする。　　　　　　　　　　　　そうするように教えられた。④
△給食当番の子が重い食器を持っていても　　　　今度助けてもらえるかも。⑤
　通り過ぎたり，遊んだりしている。　　　　　　自分が損になる。遊びたい。⑥
△係活動で自分の仕事が終わると遊んでい　　　　用事があるから。⑦
　る。　　　　　　　　　　　　　　　　　　　　ほかの人がすればいい。⑧
△おばあさんが，つらそうにしていても見　　　　恥ずかしい。⑨
　て見ぬふりをする。　　　　　　　　　　　　　親しくないから。⑩
　　　　　　　　　　　　　　　　　　　　　　　みんなもそうしているから。⑪
　　　　　　　　　　　　　　　　　　　　　　　そのうち何とかなるだろう。⑫
```

　こうした日常生活における一人ひとりの意識をどう生かしていくのか考えてみましょう。

　例えば，中学年の「バスの中で」＜Ｂ　親切，思いやり＞で，主人公がおばあさんに席を譲れないでいる気持ちを引き出すとき，次のような児童の反応が予想されます。

> ・よそのおばあさん⑩　・誰かが代わればよい⑧　・わたしだって座りたい⑥
> ・恥ずかしい⑨（周りに何か言われる　いいかっこうしていると言われる　知らない人だから⑩）・きっと無視されるだろう　・もうすぐ空くだろう⑫　・わたしだけじゃない⑪

　予想される意識と日常生活における意識を番号でつないでみました。日常生活で捉えている意識をもとに，授業の中で意図的に指名し，その意識の傾向が強いのかを見届けます。児童が日常と異なる反応をしても，それは，この教材の場面や状況が異なっているために違うのかもしれません。こうした意識もあることを理解し，日頃の意識の問いかけ「〇〇みたいな気持ちはありますか。」もして，見届けます。また，多様な考え方や感じ方に気づかせるために，異なった考え方や感じ方の児童を意図的に指名していきます。さらに，「あなたは，〇〇のような気持ちが強いんですね。」とその気持ちが強いことに気づかせていくことも自分との関わりで大切にしていきたいです。

Q167 児童が重点内容項目の意識を継続して道徳性を高めていくためには，どんな工夫をしたらよいのでしょうか。

児童が，道徳科の時間に自己を見つめるとき，日々の体験活動やそのときの考え方や感じ方をどれくらい意識しているのでしょうか。この意識をより高めるための教師の指導・援助を具体的に紹介しましょう。

1 体験活動で心を揺さぶる

高めたい道徳性から，それにふさわしい体験活動を選択したり工夫したりすることがまず，大切です。例えば，＜Ａ 希望と勇気，努力と強い意志＞に関わる道徳性を高めるなら，「なわとび」を継続的に取り入れ，核とする活動としていくのも１つです。なわとび大会があるから，一定期間だけやるというのではなく，見通しをもって計画的・発展的に活動を進めます。

また，その活動は道徳性を高めることにつながりますが，いっそう，心に残すためには，活動時に，あるいは，活動のあとの帰りの会などに，活動の様子をふり返りながら，やりぬくことのよさ（できた喜び，めあてをもつことの大切さなど）を感得させていけば，心を揺さぶられた内容が残り，道徳科での自己を見つめていく姿につながっていくのではないかと思います。

2 道徳科の時間と他の教育活動との関連の流れを教室に掲示する

学習指導案の中には，「道徳科の時間と他の教育活動との関連」について，具体的に記述されていることが多いです。しかし，児童は，この構えについては自覚していません。児童も見通しをもって活動し，道徳性を高めていくため，この内容を教室掲示にしてはどうでしょうか。学級掲示を見ますと，４月からの行事や活動が写真で掲示されていることがよくありますが，学級目標や重点内容項目の視点から，その体験活動での児童の気づき，高まりがどれだけ書ききってあるかというと不十分な点もあるのではないかと思います。ぜひ，重点内容項目の道徳性がどのように高まったかを，児童の目にいつも触れるようにわかりやすく掲示し，教師も話題にしたいものです。そうすれば，道徳科の時間の自己を見つめる姿につながっていくことでしょう。

Q168 体験活動で道徳性を高めることが大切にされていますが,その際,どんなことに留意したらよいのでしょうか。

　各学校では,様々な体験活動が行われています。これらは,児童が体験するだけで道徳性が高まりますが,いっそう,道徳性を高めるための手立てを考えてみましょう。

1　育てる道徳性を明確にして,重点化

　まず,児童が体験する活動には,どんな道徳科の内容項目を含んでいるのか,また,その中でどの内容項目の道徳性を育てようとしているのかを明確にすることです。例えば,地域の清掃活動を体験活動としたとき,この活動には,＜C　勤労,公共の精神＞＜C　国や郷土を愛する態度＞が考えられますが,一人ひとりの活動（ごみを拾うこと）にめあてをもってやりぬくことに重点を置きたいならば,＜A　希望と勇気,努力と強い意志＞も取り上げられます。また,いっしょに参加してほしいということを地域の一軒一軒の家にお願いに行くならば,＜B　礼儀＞にも視点があたってきます。このように,どんな道徳性を育てたいかによって,体験活動での道徳性の重点の置き方が変わってきます。このように,体験活動の際には,どんな道徳性（内容項目）を育てられるかを洗い出し,その中から育てたい道徳性を重点化します。

2　育てる道徳性に関わって心をゆさぶる指導・援助

　体験活動で重点化する内容項目が明確になれば,その内容に関わる指導・援助をします。「体験活動を行う前」（事前）,「体験活動をしているとき」（事中）,「体験活動が終わってから」（事後）に心を揺さぶる指導・援助を行い,道徳性を高めます。

　体験活動を行う前では,その活動に関わる意義やめあて,活動をする際の視点について,育てる道徳性に関わって指導・援助します。地域の方と関わる中で,＜B　礼儀＞に関わる心を高めたいならば,どんな態度で接したらよいのか,どのように話したらよいのかなどについて話し合ったり,話をしたとき,どんな表情になったかに気づく視点を与えたりするなどが考えられます。

　体験活動をしているとき,教師は,児童とともに地域の方の家に行き,その方の様子に気づかせたり,活動することの喜びを味わわせたりするなどの指導・援助をします。

　体験活動が終わってからは,活動をふり返る中で,育てたい内容項目に関わって充実感や満足感を味わえるような指導・援助を行います。

　このように,教師が育てたい道徳性に関わって,意図的に指導・援助していくことは,体験活動を通してその道徳性が高まるとともに,道徳科の時間の児童の反応に生き,自己を深く見つめる児童の育成につながっていきます。

Q169 学校で，直接指導しにくい＜C　家族愛，家庭生活の充実＞を，道徳教育の中で，どのように効果的に指導したらよいのでしょうか。

　家族愛に関わる道徳性を高める指導は，教師が児童の体験を直接見届け，指導することができません。そこで，よりいっそう，意図的・計画的に児童の道徳性を高めることが必要になってきます。そのためには，どんな体験活動をするとよいのか，体験活動をしたとき，家族を敬愛する心や家族の一員としての自覚をどのようにもたせていくのかという視点をもって，家族愛を育てていくことを考えていきたいです。

1　どんな体験活動をするか

　家族愛を深めるための体験活動には，家庭での仕事や手伝いが中心となりますが，家族を敬愛する心をもつようにするためには，家族といっしょに仕事や手伝いをするような機会を設けることが大切になります。ここでは，「いっしょに」がキーワードになります。

　具体的には，終わりの会で児童に次のような指導をしていくことが考えられます。「みなさんは，家の仕事を決めて，いつもその仕事をやっていますが，今日は，その仕事のほかに，お母さん（家族）の手伝いをしてください。そのとき，お母さんがどんな様子でするのかよく見たり，いつもどんな気持ちでしているのか聞いたりしてお話ししながらいっしょにしてきてください。明日の朝の会では，そのときのことをお話ししてもらいますので，日記に書いてきてください。」などが考えられます。

2　家族を敬愛する心や家族の一員としての自覚をどのようにもたせるか

　体験をすることで，心の高まりはありますが，よりいっそう高めるためには，家族が精一杯仕事をしている様子や家族のことを思って仕事をしていることに気づかせることが大切です。そこで，１の具体的な児童の指導の中にあるように，「お母さんがどんな様子でするのかよく見たり，いつもどんな気持ちでしているのか聞いたりしてお話しながらいっしょにしてきてください。」と，児童に言っておきます。こうした視点で，家族といっしょに手伝いをし，次の日の朝の会で，その様子や思いを取り上げ，意味づけたり，価値づけたりすることによって，家族への敬愛や家族の一員としての自覚を深めていくことにつながっていきます。

　このような取り組みをして，道徳科の時間を迎えて深化，統合し，いっそう，家族愛の道徳性を高めていくことになります。

Q170 小学校と中学校が連携して、道徳教育を進めていくために、どんな指導が考えられるのでしょうか。

　小学校と中学校が連携して道徳教育を進めていくとき、いちばん大切にしたいことは、小学校と中学校が発達の段階を踏まえためざす姿を明確にすることです。つまり、小学校と中学校が連携し合う中で、9年間を通して育てる姿を明らかにすることです。次に、その姿に向けて、心を高める道徳科の時間と主に行為を形成していく道徳教育で、道徳性を高めるためにどんな取り組みができるのか考えてみましょう。

　まず、道徳科の時間についてです。基本的には、学級担任が児童生徒を理解して、ねらいに迫るための道徳科の授業を毎週行っていくことが大切です。この営みを確実に行う中で、さらに工夫することを考えてみましょう。

　例えば、小・中学校がいっしょになって道徳科の授業を行い、互いの考え方や感じ方のよさや違いに気づいていくことも貴重な体験となるに違いありません。留意すべきこととして、それぞれのねらいを明確にすること、教材は小学生が十分に読みとれる内容であること、小・中学生が自分の考え方や感じ方を素直に話せる雰囲気をつくること、それぞれの教師が一人ひとりの児童生徒を理解し指導の方向を明らかにして共通理解を図ることなどが考えられます。留意すべきことは、数多くありますが、児童生徒には貴重な体験となり心の糧になることでしょう。

　また、教師は、児童生徒を理解することや発達の段階に応じた指導方法を学ぶという視点から研究授業を見合うということも考えられます。発達の段階に応じた指導方法を学ぶことで、自分の授業に生かすことができます。

　一方、道徳科の時間以外の他の教育活動では、それぞれのねらいを明確にしながら小学校と中学校の児童生徒が縦割りグループをつくって活動したり、合唱を交流したりすることも豊かな体験となり、小学生は中学生に憧れをもち、中学生は小学生を思いやることにつながっていきます。さらに、より豊かな体験とするためにも、こうした体験をしたあとに、反省会や終わりの会などで、そのときの考えや気持ちを問い返したり、紹介したりして、心を高めていくことも大切になります。

　このように、小学校と中学校が道徳科の時間やその他の教育活動で連携することは、より豊かな体験となり、児童生徒の道徳性を高めていくことにつながっていきます。

おわりに

　本書ができあがるにあたって，様々な方への感謝の気持ちでいっぱいです。
　第一に，私が岐阜市立加納小学校で道徳の研究を始め，道徳部の先輩たちから学んだ理論，そして指導を受けながら実践を積み上げた内容がこのＱ＆Ａといっても過言ではありません。時間を惜しみなく使っていただき，鍛えていただいたことに感謝の気持ちでいっぱいです。もちろん，道徳の授業をいっしょに作り上げてきた教え子たちからも，子どもの捉え方や子どものすばらしさについて学ぶことができました。
　また，各学校への指導にもずいぶん行く機会を与えていただき，研究授業や授業研究会で，授業者の取り組みや児童生徒の反応から，自分だったらという視点にこだわりいつも具体的な指導に心がけました。児童生徒をよく理解することをもとに，具体的な指導に磨きをかけることができました。私に関わってくださった先生方への感謝も忘れません。
　最後に，この単行本を完成するにあたって，私の拙い文章を何度も推敲してくださった編集部の方にも心より感謝申し上げます。
　この本を読まれた方の中には，「ここを具体的にもっと知りたい。」「ここは，もう少し聞いてみたい。」というような感想をもたれた方がいるのではないかと思います。私の健康と時間の都合がつく限り，ぜひ，出会いを大切にして，道徳科の充実・発展を願って尽力する所存でございます。お声をかけてください。

2018 年 7 月

河合　宣昌

教材の作者と出典

教材名	作者／出典	使用したQ
はしのうえのおおかみ	奈街三郎／『小学校　道徳の指導資料第1集（第1学年)』文部省	Q35，Q126
かぼちゃのつる	大蔵宏之／『小学校　道徳の指導資料第3集（第1学年)』文部省	Q23，Q26，Q124
ゆっきとやっち	荻原隆／『小学校　読み物資料とその利用「主として他の人とのかかわりに関すること」』文部省	Q91，Q127，Q128
二わのことり	久保喬／『小学校　道徳の指導資料第2集（第1学年)』文部省	Q138，Q161
ぽんたとかんた	『わたしたちの道徳　小学校1・2年』文部科学省	Q52
まどガラスと魚	奈街三郎／『小学校　道徳の指導資料第3集（第3学年)』文部省	Q28，Q58
バスの中で	小学どうとく『生きる力3』日本文教出版	Q57，Q64，Q74，Q131，Q166
みんなのわき水	尾高正浩／『小学校　社会のルールを大切にする心を育てる』文部省	Q86，Q122
ふろしき	村岡節子／『小学校　文化や伝統を大切にする心を育てる』文部省	Q123
花さき山	斎藤隆介／『斎藤隆介全集　第2巻』岩崎書店	Q21
金色の魚	ロシア民話／『わたしたちの道徳　小学校3・4年』文部科学省	Q23，Q26
手品師	江橋照雄／『小学校　道徳の指導資料とその利用1』文部省	Q19，Q138
はじめてのアンカー	上條さなえ／『小学校　読み物資料とその利用「主として集団や社会とのかかわりに関すること」』文部省	Q26，Q138

● 著者紹介

河合 宣昌（かわい のりまさ）

1956年生まれ。岐阜大学教育学部教育専攻科心理学専攻卒業。1980年より教職に就く。西濃教育振興事務所学校教育課課長補佐，岐阜市立市橋小学校校長等を経て，現在岐阜聖徳学園大学教育学部非常勤講師。全国小学校道徳教育研究会副会長全国大会実行委員長，岐阜県小中学校教育研究会道徳部会会長，岐阜県小学校長会会長を歴任。

『初等教育資料』（東洋館），『「私たちの道徳」活用のための指導資料』（文部科学省），『道徳教育』（明治図書）『道徳と特別活動』（文渓堂）『月刊プリンシパル』（学事出版）等での執筆多数。

知りたいことがきっとわかる！
道徳教育Q&A

2018年（平成30年）7月31日　初版第1刷発行
2025年（令和7年）2月28日　第3刷発行

著　　者　河合　宣昌
発 行 者　佐々木 秀樹
発 行 所　日本文教出版株式会社
　　　　　https://www.nichibun-g.co.jp/
　　　　　〒558-0041 大阪市住吉区南住吉4-7-5　TEL:06-6692-1261

デザイン　株式会社ユニックス
印刷・製本　株式会社ユニックス

©2018 NORIMASA KAWAI　　Printed in Japan
ISBN978-4-536-60105-4

定価はカバーに表示してあります。本書の無断転載・複製を禁じます。
乱丁・落丁本は購入書店を明記の上、小社大阪本社業務部(TEL:06-6695-1771)あてにお送りください。送料小社負担にてお取り替えいたします。